à Monsieur l'abbé Souly
Hommage affectueux et reconnu
F. Cucherat

CLUNY

AU

ONZIÈME SIÈCLE.

IMPRIMERIE DE DEJUSSIEU, A MACON.

CLUNY

AU

ONZIÈME SIÈCLE.

SON INFLUENCE RELIGIEUSE, INTELLECTUELLE ET POLITIQUE.

PAR L'ABBÉ FR. CUCHERAT,

VICAIRE A MARCIGNY.

Mémoire couronné par l'Académie de Mâcon.
(26 décembre 1850.)

SUIVI D'UN

FRAGMENT

DU MÉMOIRE PRÉSENTÉ A L'ACADÉMIE DE MACON

PAR M. Th. CHAVOT.

(Ce Mémoire a obtenu une Médaille d'Honneur.)

OUVRAGE ÉDITÉ PAR L'ACADÉMIE DE MACON.
1851.

AVERTISSEMENT.

———⋙⋘———

Dans sa séance de rentrée du mois de novembre 1849, l'Académie de Mâcon, fidèle à ses traditions, choisit un sujet à mettre au concours pour l'année suivante. Par les soins d'une commission spéciale, le programme suivant fut préparé et soumis à l'approbation de l'Académie, qui l'adopta :

A quelque point de vue qu'on se place, on ne peut nier le rôle important qu'ont joué, aux diverses époques de l'histoire générale, les grandes associations religieuses qui, soit pour la conservation des traditions, soit pour le progrès et la propagation des lettres, des sciences, des arts et de l'agriculture, ont rendu des services si signalés. Parmi ces associations, celle des Bénédictins de Cluny a occupé un rang des plus élevés. Ces hommes pieux et éclairés sont actuellement moins renommés que les Bénédictins de Saint-Maur, qui, d'une origine infiniment plus récente, ont commencé par subir l'influence scientifique et intellectuelle de leur siècle, influence qu'ils eurent bientôt devancée, au point de léguer à la postérité des œuvres historiques et littéraires, magnifiques monuments qui demeureront toujours dignes de la plus haute admiration. Mais les Bénédictins de Cluny n'ont pas surgi, comme ceux de Saint-Maur, au sein d'une époque lumineuse. Entourés de toutes parts d'épaisses ténèbres, ils ont dû lutter courageusement contre elles. On les a vus, véritables pionniers de l'intelligence, creuser, comme les pionniers d'Amérique, des sentiers praticables à travers l'ignorance et presque la barbarie. On les a vus susciter un mouvement de régénération, le féconder, le faire grandir par leurs études, leur propagande zélée, et le généraliser par la fondation des nombreux monastères qu'ils semaient, comme autant d'écoles publiques destinées à faire rayonner partout les enseignements dont elles étaient le foyer.

Après la période presque exclusivement agricole parcourue par les Bénédictins de Cluny et qui vient se terminer à la fin du X.e siècle, le XI.e siècle, grâce à ces savants religieux, apparaît comme l'aurore d'une ère de glorieuse renaissance. Leur action bienfaisante, pendant la durée de ce siècle, peut être divisée en trois phases principales.

Ils semblent d'abord préluder à leur mission en introduisant des réformes éclairées au sein des divers monastères, plongés, pour la plupart, dans une profonde ignorance.

Puis ils se répandent par toute l'Europe, comme des missionnaires de civilisation. Déjà l'Espagne les tient en si haute estime, qu'un de ses conciles y décrète que les évêques ne pourront plus être choisis que parmi des religieux obéissant à la règle de Cluny. Les Normands d'Angleterre, de Sicile et de Naples, les appellent comme savants et dispensateurs de lumières. L'Allemagne, de son côté, leur prodigue les plus hauts témoignages de confiance.

Cependant, leur intervention dans les affaires politiques se traduit par l'organisation de la résistance aux excès du pouvoir temporel. Mais cette résistance demeure toujours empreinte d'un esprit de conciliante modération. Grégoire VII, Urbain II et Pascal II, ces énergiques athlètes des libertés de l'Eglise, étaient issus de Cluny; mais, en même temps, Saint Hugues, qui était à la fois l'ami de Grégoire VII et l'ami de Henri IV et Henri V, tente à plusieurs reprises de réconcilier ces ardents adversaires.

Entre les hommes les plus éminents de ce siècle brillent Saint Hugues et Saint Odilon, qui, pendant toute sa durée, ont successivement possédé le gouvernement abbatial de Cluny. Le caractère si beau et si original de ces deux grands hommes, qui sont peut-être à la hauteur de l'abbé Suger et de Saint Bernard, leur influence souvent décisive sur les événements religieux et politiques de ce temps-là, tout en eux donne matière à d'intéressantes recherches. Près d'eux apparaissent Saint Anselme, ce Platon du XI.e siècle, et Pierre Damien, ce sincère mais modéré précurseur de Savonarole, qui ont eu avec l'abbaye de Cluny d'importantes relations.

Telles sont les données sur lesquelles l'Académie de Mâcon fonde la question qu'elle met au concours, tout en signalant aux concurrents, comme documents à consulter, les ouvrages qui suivent :

Bibliotheca Cluniacensis ;
Histoire littéraire de la France, par les Bénédictins de Saint-Maur;
Histoire de Grégoire VII, par Vogt (traduite de l'allemand);
Histoire de l'Abbaye de Cluny, par M. Lorain ;
Tous les Bollandistes, etc., etc.

QUESTION.

« Quelle fut, pendant toute la durée du XI.e siècle, l'influence » de l'Abbaye de Cluny sur le mouvement religieux, intellectuel, » politique, etc., de cette époque? »

NOTA. Le sujet étant de la plus riche étendue, l'Académie laisse à chaque concurrent la liberté de traiter, d'une manière plus spéciale et plus complète, le point de vue de sa prédilection.

Les mémoires ne porteront pas de signatures ; chaque concurrent aura soin d'inscrire ses nom, prénoms et domicile, dans un billet cacheté et présentant une devise ou épigraphe répétée en tête du mémoire. Le terme assigné aux concurrents est le 30 octobre 1850, avant lequel les mémoires devront être adressés *franco* au secrétaire perpétuel de l'Académie qui demeurera propriétaire des manuscrits qu'elle aura ainsi reçus.

Le prix, consistant en une médaille d'or de la valeur de 300 francs, sera décerné en séance publique, qui aura lieu le dernier jeudi de décembre 1850.

Le Secrétaire perpétuel,

Léonce LENORMAND.

En réponse à cet appel, TROIS MÉMOIRES furent envoyés à l'Académie et soumis par elle à l'appréciation de la commission spéciale. Le rapporteur de cette commission, M. de Surigny, présenta à la Société, dans la séance du 26 décembre 1850, un travail fort remarquable, dans lequel les trois Mémoires étaient étudiés avec autant de savoir que d'impartialité. M. le Rapporteur, tout en rendant justice aux efforts parfois heureux de l'auteur du Mémoire n.º 3, crut devoir le déclarer hors concours, vu son extrême infériorité relativement aux deux autres. Quant à ceux-ci, leur valeur respective fut établie avec un soin extrême ; on donna lecture des fragments les plus importants ; en un mot, la Société académique se trouva, à l'aide de ces communications, substituée à la commission d'examen et mise en possession de toutes les notions propres à éclairer son jugement.

Le rapport se terminait ainsi :

« Nous avons tâché, Messieurs, de vous signaler exactement les mérites respectifs des concurrents. Pour conclure, nous vous proposons d'accorder *le Prix* au Mémoire n.º 2, et une *Mention spéciale et motivée* au Mémoire n.º 1, regrettant que votre budget ne vous permette pas de doubler votre récompense pour couronner deux bons ouvrages. »

Ces conclusions furent adoptées à l'unanimité.

Puis, avant de procéder à l'ouverture des bulletins cachetés qui recélaient les noms des concurrents, l'Académie décida, sur la proposition de son secrétaire perpétuel :

1.º Qu'une grande médaille d'argent, au lieu d'une simple mention honorable, serait décernée à l'auteur du Mémoire n.º 1 ;

2.º Que le Mémoire n.º 2, couronné, serait imprimé aux frais de l'Académie ;

3.º Et, sur la proposition de M. le Rapporteur, qu'on ajouterait au Mémoire n.º 2 certains fragments du Mémoire n.º 1 (avec l'assentiment de l'auteur), afin de compléter l'œuvre.

Après ces décisions, les billets cachetés ayant été ouverts, la médaille d'or fut attribuée à M. FR. CUCHERAT, vicaire à Marcigny ; la médaille d'argent à M. TH. CHAVOT, avocat à Mâcon.

C'est en conformité de ces délibérations que l'ouvrage ci-joint vient d'être édité par les soins de l'Académie de Mâcon, heureuse de décerner ainsi un second tribut d'estime à ses deux honorables lauréats, et de doter la science historique d'une nouvelle et précieuse conquête.

Mâcon, le 20 novembre 1851.

Le Secrétaire perpétuel,

LÉONCE LENORMAND.

SOURCES HISTORIQUES

DE CE MEMOIRE.

———••◦••———

1.º Achéry (Dom Luc d') *Spicilegium*. La première édition, commencée en 1659, avait 13 vol. in-4.º ; la seconde, 1723, trois volumes in-folio, est celle que nous citons.

2.º Anselmi *Cantuariensis Episcopi Opera*, édition du P. Raynaud, Jésuite.

3.º Baronii *Annales Ecclesiastici....* Venetiis, 1502 ; 12 vol. in-folio.

4.º Benedicti (Sancti) *Regula....* Parisiis, 1770 ; in-8.º

5.º Benedicti Aniani (Sancti) *Concordantiæ Regularum*, ab Hugone Menardo M. B. editæ, Parisiis, 1638 ; 1 vol. in-4.º

6.º Bernardi (Sancti) Clarævall... *Opera genuina*, Parisiis, Gauthier, 1836 ; trois volumes in-8.º

7.º Bernardi, monachi Cluniacensis, *Consuetudines Cœnobii Cluniacensis*. La préface seule se trouve imprimée dans le *Spicilegium*, tom. I, p. 640, et dans les Notes de Duchesne, au *Bibliotheca Cluniacensis*, p. 23. Duchesne ajoute qu'il a vu tout l'ouvrage manuscrit à St.-Martin-des-Champs et à St.-Etienne-de-Nevers. L'auteur de ce mémoire en possède un exemplaire imprimé en 240 pages in-4.º, très-rare et n'ayant jamais porté la date ni le lieu de l'impression.

8.º Bertholdus Constantiensis, le continuateur de la *Chronique* d'Hermannus Contractus.

9.º Bollandistes, 29 aprilis (Aprilis t. III). Vies de Saint Hugues, 1.º par Hildebert du Mans ; 2.º par Raynaud de Semur, abbé de Vezelay ; 3.º par Ezelon et Gilon ; 4.º par le moine Hugues, disciple du Saint ; 5.º par un anonyme contemporain. Raynaud et Gilon manquent au *Bibliotheca Cluniacensis.*

10.º Browerus (Christophorus), *Fuldensium Antiquitatum Libri IV.* Antwerpiæ, ex officinâ Plantinianâ, 1612, in-4.º

11.º Bucelinus, 1.º *Annales Benedictini*, petit in-folio ; 2.º *Menologium Benedictinum*, aussi in-folio.

12.º Blanca (Hieronymus), *Aragonensium rerum Commentarii*, in-folio, Cæsaraugustæ, 1588.

13.º Chazot de Nantigny, Tablettes historiques, généalogiques et chronologiques, 8 vol. in-24 ; Paris, 1749 et suiv.

14.º Cassiodori *Institutio divinarum lectionum*, dans les œuvres de cet illustre sénateur, 1679 ; 2 vol. in-folio.

15.º Dodsworth et Dugdale, *Monasticon Anglicanum*, 3 vol. in-folio ; Londini, 1655.

16.º Duchesne (André), 1.º Généalogies des Maisons souveraines, le tome VI.º, in-4.º ; 2.º Quercitani *Notæ ad Bibliothecam Cluniacensem.*

17.º Dubouchet, Histoire généalogique de la Maison de Courtenay ; in-folio, Paris, 1661.

18.º Eadmer, *Vita B. Anselmi Cantuar. Episc.*, apud Bolland. Aprilis, tom. II, p. 867 et suiv.

19.º Fulberti Carnotensis *Opera varia*, per Carolum de Villers ; Parisiis, 1608, in-12.

20.º Guichenon (Samuel), 1.º *Bibliotheca Sebusiana*, in-4.º, 16 60 2.º Histoire de Bresse ; Lyon, 1650, in-folio.

21.º Gregorii VII papæ *Epistolæ*, dans les *Acta Conciliorum et Epistolæ decretales ac Constitutiones Summ. Pontif.* Edit. Regal., t. VI, in-folio.

22.º Hugo (A.), France historique et monumentale ; 5 vol. in-4.º, Paris, 1841.

23.º Hugo Flaviniacensis, *Chronicon ; — B. Lanfranci Cantuar. Episc. Opera ;* Paris, 1648, un vol. in-folio.

24.º Labbei, *Omnium Conciliorum... Collectio.*

25.º Léon de Marsi, *Chronica sacri Monasterii Cassinensis...*, quarta edit., per D. Angelum de Nuce ; Lutetiæ-Parisiorum, 1668, in-fol.

26.º Mabilonii, 1.º *Annales Ordinis Sancti Benedicti*, 6 vol. in-folio ; Lutetiæ-Parisiorum. Le sixième volume de D. Martenne est rare. 2.º *Acta Sanctorum Ordinis Sancti Benedicti*, 9 vol. in- folio ; Paris, de 1668 à 1702. Les préfaces savantes qui pré- cèdent chaque siècle ont été imprimées à part, sous ce titre : 3.º *R. P. D. Johan. Mabilonii Præfationes Actis SS. Ordinis Sancti Benedicti*, Rothomagi, 1732, in-4.º

27.º Marrier (Dom), de St.-Martin-des-Champs, *Bibliotheca Clu- niacensis*, Recueil de la vie et des écrits des abbés de Cluny, par ordre chronologique, de bulles, de chartes données sous leur gouvernement, etc., etc. ; un volume in-folio, Lutetiæ- Parisiorum, 1614. Cet intéressant recueil n'a eu qu'une édition ; mais l'auteur y a introduit plusieurs cartons qui n'ont point été rapportés dans tous les exemplaires. A la colonne 314, il n'y a qu'une seule charte dans l'exemplaire de Paray que nous possédons : *Charta Lotharii Regis.... de Sancto-Amando*, etc. Dans l'exemplaire de Marcigny, que possède M. Mariller, curé de St.-Christophe-en-Brionnais, cette charte se trouve suivie d'une autre qui est intitulée : *Charta Theobaldi Cabilonensis, quâ donationem monasterii Sancti-Marcelli Cabilon., Mayolo Cluniacensi abbati factam, confirmavit.* C'est une page de notre histoire locale qu'il est bon de recueillir.

28.º Martenne (Dom), 1.º *Thesaurus novorum anecdotorum*, Paris, 1716, 5 vol. in-folio ; 2.º *Commentarius in Regulam Sancti Benedicti*, Parisiis, 1690, in-4.º ; 3.º le tome VI des *Annales Ord. S. Benedicti.*

29.º Marthe (MM. de Sainte-), *Gallia christiana*, le tome IV.

30.º Malmesburiensis (Willelmus), *de Regibus Anglorum*, etc., in- folio.

31.º Menennii (Francisci) Antwerpiensis *Deliciæ equestrium sive mili- tarium Ordinum....* Coloniæ-Agrippinæ, 1613, in-12.

32.º Otho, Frissengensis Episcopus, une Chronique depuis le commen- cement du monde.

33.º Palliot, la Vraie et Parfaite Science des Armoiries de Louvan Géliot, éditée par Pierre Palliot ; in-folio, Dijon, 1660.

34.º Perez (D. Antoine), *Commentaria in Regulam Sancti Bened.*, Lugduni, 1625, in-4.º

35.º Platina (Bened.) Cremonensis opus *de Vitis ac Gestis Summorum Pontificum....*, in–18 de 800 pages, 1645.

36.º Symon (D. Pierre), *Bullarium sacri Ordinis Cluniacensis*, in-folio, Lugduni, 1680.

37.º Severtii *Chronicon hierarchicon*, etc.

38.º Udalric est l'abréviateur du moine Bernard, dont nous avons parlé. Ses *Antiquiores Consuetudines Cluniacensis monasterii* se trouvent intégralement imprimées dans le *Spicilegium*, tom. I, in-folio, p. 641 et suiv. On les a réunis à l'OEuvre du moine Bernard, in-4.º en 126 pages.

39.º Yépez (D. Antoine, abbé de Valladolid), Chroniques générales de l'Ordre de St.-Benoît, traduites de l'espagnol par Martin Rhitelois, 7 vol. in-folio.

A ces noms viennent se joindre, dans l'occasion, ceux de M. Dalgairns, de l'historien Daniel, de Fleury, de Longueval, de Lorain, D. Pitra, D. Plancher, D. Rivet, M. Woigt, etc., etc.

Quant aux manuscrits, nous indiquons sous le signe Mss. C. ceux de Cluny, savoir : 1.º le grand Cartulaire, 2 vol. in-folio ; 2.º le *Necrologium historicum Cluniacense*, de D. Georges Burin. Sous le signe Mss. M., nous indiquons les manuscrits provenant du prieuré de Marcigny. Nous voulons exprimer publiquement notre gratitude à M. Amédée de La Fayolle, petit-neveu par sa mère de Dom Polignon, le dernier Prieur de Marcigny, et à M. le docteur H. Fricaud, de Semur. Nous devons au premier une bonne partie de nos manuscrits, et au second plusieurs des ouvrages importants contenus dans ce catalogue.

Marcigny, le 16 mars 1851.

Fr. Cucherat.

CLUNY

AU

ONZIÈME SIÈCLE.

Cluniacensis congregatio, divino charismate cœteris imbuta pleniùs, ut alter sol enitet in terris, adeò ut his nunc temporibus ipsi potiùs conveniat quod à Domino dictum est : Vos estis lux mundi.

« La congrégation de Cluny, prévenue entre toutes
» les autres des faveurs divines, brille sur la terre
» comme un autre soleil; en sorte que, en nos jours,
» c'est bien à elle qu'on peut appliquer cette parole
» du Seigneur : Vous êtes la lumière du monde. »

(URBANUS PAPA II, *in diplomate ad Hugonem abbatem Clun.*, anno 1098. *Bibl Clun. Col* 250 C. — *Bullar. Clun.*, p. 30.)

La régénération sociale due au génie de Charlemagne avait exercé une salutaire influence sur le IXe siècle tout entier, malgré l'inintelligence, la faiblesse et les divisions de ses descendants. Mais la confusion des pouvoirs, le morcellement sans limites de l'autorité, l'ignorance et les vices, fruits d'un siècle d'anarchie et d'invasions, de ce Xe siècle, que Baronius appelle *de fer, de plomb et d'obscurantisme* [1], l'avaient entièrement ruinée.

---

(1) *Ferreum, plumbeum, obscurum.* Cité par Mabillon, *An. Ben.*, t. III, préf.

Les peuples gémissaient dans l'ignorance, la misère et l'oppression ; les seigneurs, dont les noirs donjons couvraient le sol, se livraient, sans mesure et sans contrôle, à toute la fougue de leurs passions déchaînées ; le sel même de la terre s'était affadi. « On ne vit jamais une telle corruption, et l'Eglise, épouvantée de ces désordres, gémissait sur les maux de ses enfants ; mais ses efforts pour y porter remède se trouvaient paralysés par la résistance des Rois et des Grands. [1] »

Mais Dieu a fait les nations guérissables. La société a, comme l'âme humaine, ses angoisses et ses joies, ses grandeurs et ses défaillances. Quand elle succombe, Dieu se lève pour prendre en main le gouvernement des nations. Heureux le siècle qui reçoit cette manifestation de la Providence ! Ce bonheur fut celui du XI.e siècle ; la gloire d'en être l'instrument était réservée à la Congrégation de Cluny.

En demandant au concours « quelle fut, pendant » toute la durée du XI.e siècle, l'influence de l'Abbaye » de Cluny sur le mouvement religieux, intellectuel, » politique, etc., de cette époque, » l'Académie de Mâcon fait un acte de patriotisme éclairé, dont la France et en particulier le département de Saône-et-Loire sauront lui garder le souvenir. Heureux nous-mêmes, si nous pouvons, sans nous écarter des termes du programme, payer un juste tribut d'honneur et d'affection à la terre natale et à la foi de nos pères !

(1) Histoire de France, du P. Daniel.

PREMIÈRE PARTIE.

INFLUENCE DE CLUNY SUR LE MOUVEMENT RELIGIEUX.

—◆—

CHAPITRE 1.er

ORIGINE ET NATURE DE LA RÉFORME DE CLUNY.

I.

Le X.e siècle était clos ; mais le monde demeurait plongé dans un chaos et une telle confusion de tous les droits et de tous les devoirs, qu'il n'est pas étonnant que les pieux fidèles aient cru un moment reconnaître les signes avant-coureurs de sa fin prochaine.

L'institut monastique, en particulier, était dans la plus déplorable situation ; et les lamentations du concile de Trosly, au commencement de ce siècle[1], ne pouvaient, à la fin, que se répéter sur un ton plus triste encore.

L'état régulier était presque partout anéanti, disaient les Pères. Entre les plus anciens monastères, les uns avaient été brûlés ou démolis par les bandes païennes

(1) *Labb. Concil.* ad annum 909. Trosly *(Trosleium)* est près de Soissons.

des Sarrasins et des Normands ; les autres, pillés et
dévastés à tel point qu'ils n'offraient plus aucune trace
de la vie régulière. Quand un petit nombre de moines
parvenaient à se réunir après la tempête sur les ruines de
leur monastère, les princes séculiers les donnaient avec
leurs terres à des abbés laïcs qui les laissaient tomber
dans le relâchement, vivre dans le désordre, subsister
et se vêtir comme ils l'entendaient. En sorte que ceux
qui auraient dû s'appliquer à la sainteté et vaquer à la
contemplation, oubliant leur vocation céleste, s'adon-
naient aux choses de la terre ; ou même, poussés par
le besoin, quittaient leurs cloîtres et menaient dans le
monde une vie toute séculière. On voyait, dans les
monastères voués à Dieu, au milieu des moines, des
chanoines et des religieuses même, des abbés laïcs qui
vivaient installés là avec leurs femmes et leurs enfants,
leurs hommes de guerre et leurs meutes [1].

Cependant, les principes n'étaient pas totalement
oubliés. Les Pères de Trosly fulminaient de sages décrets ;
ils voulaient que *les abbés fussent des personnes religieuses
et qui eussent l'intelligence de la discipline régulière*. Ils
déclaraient que la vie monastique, *sans les soins d'un
abbé régulier*, ne pourrait être ramenée à son ancien
état, et ils terminaient par cette observation que l'expérience de tous les âges a constamment justifiée : « Tant
» que les prérogatives de l'état ecclésiastique ont été
» respectées, le gouvernement civil ne s'est pas seule-

---

(1) In monasteriis Deo dicatis monachorum, canonicorum, imò et sancti-
monialium, abbates laïci cum suis uxoribus, filiis et filiabus, cum militibus
et canibus morantur. (Mab., *An. Ben.*, t. III, p. 330.)

» ment maintenu, mais amélioré ; au contraire, depuis
» qu'on les a foulées aux pieds, on a vu l'état chanceler
» d'abord, et puis s'abîmer entièrement, après avoir
» été si florissant autrefois. (1) »

Mais que pouvaient les protestations de l'Eglise contre le droit du plus fort? Toutefois, confiante dans la justice éternelle, elle ne cessa, durant toute la durée du XIe siècle, de renouveler ses plaintes dans tous les conciles, de condamner, comme à Reims (2), en 1049, la vente simoniaque des bénéfices ecclésiastiques par les princes du siècle, l'apostasie des moines, c'est-à-dire leur vie toute séculière, et l'usage déplorable de donner des bénéfices sacrés à des laïcs, pour des services de courtisan ou d'homme de guerre; jusqu'à ce qu'enfin elle vint à bout de gagner sa cause, qui était celle de Dieu et de la civilisation, et de rendre à tout l'ordre monastique une face nouvelle et digne de ses plus beaux jours. Dans cette œuvre de restauration, l'Eglise trouva son plus puissant appui dans l'ordre de Cluny.

II.

C'était l'année même du concile de Trosly (909) que Guillaume, duc d'Aquitaine, fondait Cluny. Il semble que ce prince vraiment pieux, comme il en eut le

---

(1) Denique aiunt Patres, dùm privilegia statûs ecclesiastici servata sunt, statum regni, non modò conservatum fuisse, sed in meliùs profecisse. At, postquàm hæc parvipendi cœperunt, labefactatum in dies, et jàm penè ad nihilum redactum esse qui olim florentissimus exstiterat. (*Ibidem.*)

(2) *Act. Conc. Reg.*, t. VI, pars prima, p. 999.

surnom, ait entendu et compris les cris de détresse de
la religion monastique ; et ce n'est pas une petite gloire
pour lui d'en avoir préparé la restauration.

L'esprit de Cluny se dessine dès son berceau ; nous
ne pouvions nous dispenser de le saluer, bien que notre
tâche soit rigoureusement circonscrite dans les limites
du XI.ᵉ siècle. Mais en rappelant les principales données
de l'acte de fondation, c'est la nature même de l'institut
de Cluny, arrivé au XI.ᵉ siècle à sa virilité, que nous
faisons connaître. Car Cluny, jusque-là, ne s'est pas
écarté un instant de son esprit primitif, de sa mission
providentielle qui reposait tout entière sur la séparation
des deux puissances garantie par sa dépendance immédiate de l'Eglise romaine, de laquelle il devait relever
à jamais, et par la liberté d'élection dans le choix de
ses abbés.

« C'est aux saints apôtres Pierre et Paul que Guil-
» laume donne [1] tout ce qu'il possède à Cluny,... pour
» l'entretien et l'intégrité de la religion catholique,...
» pour tous les orthodoxes des temps passés, présents

---

[1] Après un touchant préambule où Guillaume reconnaît que Dieu ne lui
a donné les richesses que pour se faire des amis dans les pauvres, ce prince
continue : *Igitur omnibus in unitate fidei viventibus,.... notum sit quòd....
res juris mei sanctis apostolis, Petro videlicet et Paulo, de propriâ trado
dominatione Cluniacum.... pro statu ac integritate catholicæ religionis,....
pro cunctis præteritorum, præsentium, sive futurorum temporum orthodoxis.
Eo siquidem dono tenore, ut in Cluniaco.... venerabile orationis domicilium votis
ac supplicationibus fideliter frequentetur.... Sint ipsi monachi.... sub potestate et
dominatione Bernonis abbatis.... Post discessum verò ejus, habeant iidem
monachi potestatem et licentiam quemcumque sui ordinis, secundùm placitum
Dei atque regulam sancti Benedicti promulgatam, eligere maluerint abbatem*

» et à venir ;... de telle sorte que cette maison devienne
» la vénérable demeure de la prière. Il insiste encore à la
» fin pour que la Congrégation de Cluny, du jour même
» de sa fondation , soit pleinement affranchie de sa puis-
» sance et de celle de ses parents.... Il veut qu'après la
» mort de Bernon , les moines aient le droit et la faculté
» d'élire librement pour abbé et seigneur un homme de
» leur ordre , suivant le bon plaisir de Dieu et la règle
» de St. Benoît, sans que lui-même ou tout autre puisse
» contredire ou empêcher cette élection religieuse. Les
» moines paieront pendant cinq ans à Rome la redevance
» de dix sous d'or pour le luminaire de l'Eglise des
» apôtres ; et ils se mettront ainsi sous la protection
» du Pontife romain qui sera leur unique défenseur. »

Mais le bras séculier ne pouvait seul exécuter un si
haut dessein. En eût-il eu le pouvoir, il n'en avait pas
le droit. Il lui fallait le concours de la papauté ; la
papauté ne fit jamais défaut aux grandes inspirations.
Une bulle de Jean XI (mars 932), adressée à Saint
Odon, contient des paroles qui nous arrivent comme un

atque *Rectorem*, *ità ut nec nostrâ, nec alicujus potestatis contradictione, contra religiosam dumtaxat electionem impediantur. Per quinquennium autem Romæ ad limina apostolorum , ad luminaria ipsorum continuanda, decem solidos præfati monachi persolvant, habeantque tuitionem ipsorum apostolorum atque Romanum Pontificem defensorem.... Placuit etiàm huic testamento inseri ut ab hâc die, nec nostro, nec parentum nostrorum, nec fascibus regiæ magnitudinis, nec cujuslibet terrenæ potestatis jugo subjiciantur iidem monachi ibidem congregati....* (*Bib. Clun.* col. 1, 2, 3, 4.) Viennent
ensuite de formidables imprécations contre ceux qui oseront toucher aux
biens des moines de Cluny, ou plutôt des pauvres qu'avait surtout en vue le
fondateur, comme il le dit lui-même : *Præcipimus.... ut maximè illis sit hæc nostra donatio ad perpetuum refugium qui pauperes de seculo egressi, nihil secum præter bonam voluntatem attulerint, ut nostrum supplementum fiat abundantia illorum.* Donné à Bourges.

écho fidèle de celles qu'on vient de lire [1] . « C'est le
» devoir de notre charge apostolique de nous rendre ,
» avec une bienveillante compassion , aux vœux de
» ceux qui s'adressent à nous avec une filiale confiance,
» et de courir avec joie au-devant de leurs désirs.....
» C'est pourquoi , puisque vous nous en faites la
» demande,.... nous voulons que votre monastère, avec
» tout ce qui lui appartient ,.... soit affranchi de toute
» dépendance de quelque roi , évêque ou comte que
» ce soit, et des proches même de Guillaume. Que
» personne , après votre mort , n'ait la témérité
» d'imposer aux moines un supérieur contre leur gré.
» Qu'ils aient la libre faculté de se donner, sans con-
» sulter aucun prince , mais seulement suivant la règle
» de Saint Benoît, tel chef qu'ils voudront. » Le Pontife
autorise ensuite Cluny à recevoir sous sa tutelle et à
s'adjoindre tous les monastères qui viendraient lui
demander la réforme. Il permet aux moines d'avoir,
comme le roi des Francs Raoul [2] leur en avait donné la

(1) *Bull. Clun.*, p. 1, 2, 3. Convenit apostolico moderamini benevola com-
passione piè poscentium votis succurrere.... Igitur, quia petistis à nobis.....
Sit illud monasterium cum omnibus rebus liberum ab omni dominatu cujus-
cumque Regis, aut Episcopi, sive Comitis, aut cujuslibet ex propinquis
ipsius Willelmi. Nullus ibidem contra voluntatem Monachorum Prelatum
eis post tuum decessum ordinare præsumat : sed habeant liberam facultatem,
sine cujuslibet Principis consultu, quemcumque secundùm Regulam sancti
Benedicti voluerint sibi ordinare. Si autem cœnobium aliquod ex voluntate
illórum, ad quorum dispositionem pertinere videtur, in suâ ditione ad
meliorandum suscipere consenseritis, nostram licentiam ex hoc habeatis.....
Monetam quoque propriam, sicut filius noster Rudolphus Rex Francorum
concessit, ità habeatis.... Sanè ad recognoscendum quod prædictum Cœnobium sanctæ apostolicæ sedi ad tuendum atque fovendum pertineat, dentur
per quinquennium decem solidi.

(2) Raoul mourut le 15 janvier 936. Cluny avait donc déjà le droit de
monnaie à cette époque. (Tabl. hist. II, p. 6.)

permission , une monnaie, particulière au couvent [1]. Pour reconnaitre leur dépendance du siége apostolique, qui accepte la charge de les protéger d'une manière spéciale et immédiate, ils paieront dix sous d'or pendant cinq ans. Tels sont les termes propres de la bulle de Jean XI.

La charte du duc d'Aquitaine respire un parfum de grandeur et de catholicité qui semble venir du ciel. Ce qui rend plus admirables les sentiments et les idées qu'elle exprime si noblement, c'est leur contraste avec les idées et le mouvement de l'époque. Car alors , dans le monde entier, selon le témoignage de Mabillon , les

[1] Le pape Jean XI, mort en 936, confirme au monastère de Cluny, en sa qualité de chef spirituel, le droit de monnaie qu'il devait à la libéralité du roi des Francs Rodolphe : *Monetam quoque propriam, sicut filius noster Rodulphus Rex Francorum concessit, ità habeatis. (Bull. Clun., p. 1.)*

Il est encore parlé de la monnaie propre de Cluny, dans un diplôme du pape Eugène III, de l'an 1147. Ce Pontife, après avoir rappelé les bienfaits du comte Guillaume de Mâcon, ajoute : *Vos verò pro tanto beneficio sexdecim millia solidorum Cluniacensis monetæ, et quatuor mulas ei dedistis.* (Bullar. Clun., p. 50. Le *Bibl. Clun.*, col. 1410, B, reproduit cette bulle ; mais le mot essentiel du fragment que nous citons, *mulas*, a été omis par l'imprimeur.)

« La monnaie de Cluny, dit M. Anatole Barthélemy (dans un *Essai sur* » *l'histoire monétaire de l'abbaye de Cluny*, 1842, p. 8, tiré à 25 exemplaires), » la monnaie de Cluny était d'un meilleur aloi que celle fabriquée par le » roi ; elle était taillée de telle sorte, que les sous clunisois valaient cinq » sous parisis. Il en résultait que la livre clunisoise avait 13 sous 4 deniers » de valeur au-dessus de la livre parisis. Le type des monnaies de Cluny » est uniforme. Les seules différences que l'on peut y remarquer ne sont » que dans la fabrique.... D'un côté on voit une croix à deux branches » égales, avec la légende peu commune CENOBIO CLVNIACO..... Au » revers, on voit une clef avec les mots : PETRVS ET PAVLVS. »

seuls monastères de Corbie et de Fleury conservaient encore quelque ombre de la vie bénédictine [1]. Guillaume s'élevait comme une âme inspirée et enchérissait sur la pensée de Saint Benoît, en obtenant tout d'un coup pour Cluny l'affranchissement de l'ordinaire et sa dépendance immédiate du Pontife romain. Par là, il semblait préluder à l'idée si catholique et formellement exprimée par Jean XI, d'une vaste association religieuse, tandis que Saint Benoît n'avait eu en vue que des monastères isolés et soumis à l'évêque diocésain [2].

Le temps change les situations et les besoins des

Ce n'est pas seulement dans la maison-mère que Cluny avait le droit de monnaie. Moitié de la monnaie de Souvigny lui appartenait ; et André Duchesne, dans ses notes au *Bibl. Clun.*, p. 65, nous donne la gravure d'un denier de Souvigny, offrant l'effigie de St. Mayeul.

Le *Spicilegium* (2.e édit., t. III, p. 413) contient une charte de Guillaume, duc d'Aquitaine, sans date et sans signe numérique attaché au nom de Guillaume. Ce prince donne aux Clunistes la monnaie de Niort. Après un préambule pieux et solennel, il continue ainsi : *Est autem moneta de Niort quam dono, et de meâ potestate.... in monachorum Cluniacensium transfundo, eâ convenientiâ, ut memoriâ meî in memorato loco et in omnibus appenditiis ejus perpetualiter teneatur.* Cette charte est revêtue des signatures de *Guillaume*, d'*Agnès*, sa femme, et de leurs deux fils *Guillaume* et *Odon*. Donc elle est de Guillaume V, dit le Grand, qui fut en effet l'époux d'Agnès et le père de Guillaume et Odon qui régnèrent successivement après lui. (Tabl. hist..., t. II, p. 271.) Guillaume V, dit le Grand, duc en 993, se fit religieux à Maillezais, où il mourut le 31 janvier 1029, laissant, pendant la minorité de son fils aîné Guillaume, la régence du duché à sa femme Agnès.

Agnès, à son tour, dans une charte que Mabillon rapporte à l'année 1005 (*Ann. Ben.*, t. IV, p. 183), donne à Cluny la monnaie de St.-Jean-d'Angély et celle de Mongon, au diocèse de Poitiers.

Enfin, Guillaume VI, le Gros, devenu majeur et investi de son duché, confirme avec joie et empressement aux Clunistes ces donations faites par son père et sa mère : *Ego Willelmus.... confirmo et stabilio monetam Engeriacensem et Niortensem ac perpetualiter Cluniacensi Ecclesiæ.... stabiliendo contrado*, etc.... (Cartul. de Cluny, Mss. C.)

(1) *An. Ben.*, t. III, p. 330.
(2) *Regula S. Bened.*, c. 54.

sociétés. Ce qui aujourd'hui ne serait ni opportun , ni désirable, était alors d'une rigoureuse nécessité pour la réforme sérieuse de l'ordre monastique. Le clergé séculier, dans tous les rangs de la hiérarchie , était soumis à des influences locales, humilié trop souvent sous le joug des passions, jeté par position et par éducation dans le tourbillon des affaires du siècle. La réforme ne pouvait venir d'ailleurs que de la papauté. Rome pouvait seule la protéger efficacement et rendre à l'ordre religieux ce caractère de grandeur toute divine qu'il avait perdu.

Il faut remonter tout à la fois à cette charte souveraine et aux désordres signalés par les Pères du Concile de Trosly, constatés , quelques années plus tard , dans la bulle que nous venons de citer, où il est dit expressément qu'*il n'est que trop constant que presque tous les monastères ont oublié les devoirs de leur institut* [1]. Alors on comprend que l'exemption de Cluny et les prétentions des Pontifes romains n'étaient pas une affaire d'amour-propre ou d'orgueil , pas même seulement un droit , mais un devoir, et un devoir de salut public pour l'Eglise et pour la société. Rome trouvait un point d'appui pour ramener l'ordre dans la société claustrale ; elle allait faire, dans le silence du cloître, l'essai de cette autorité qu'elle emploiera plus tard à rendre à la société chrétienne une face nouvelle. L'artiste qui veut élever un monument durable ébauche son sujet avec un peu d'argile ; puis , quand il l'a étudié , il le transporte sur

(1) « Sicut nimis compertum est, jàm penè cuncta monasteria à suo proposito prævaricantur. »

l'or ou sur le bronze. Nous verrons, dans la troisième partie, comment la réforme de Cluny a été le principe et le modèle de la réforme sociale.

III.

Aussi, voyez comme Rome affectionne Cluny! Dès le commencement, elle a les yeux sur lui ; elle le protége, elle le cultive, elle l'excite à faire le bien, comme l'aigle excite son aiglon à prendre son vol. Ouvrez le *Bullarium sacri Ordinis Cluniacensis* [1], vous trouverez que, dans la durée des X.ᵉ et XI.ᵉ siècles, la voix pontificale s'élève près de soixante fois en sa faveur. C'est presque toujours pour maintenir et défendre les glorieuses immunités qui l'affranchissent efficacement de la dépendance du siècle et de l'intervention des princes, aussi bien que pour féliciter et récompenser sa ferveur croissante par la confirmation et l'extension de ses priviléges.

De son côté, combien Cluny se montre reconnaissant, docile et fidèle! Quatre fois nous retrouvons Saint Odon à Rome [2]; trois fois Saint Mayeul [3]; trois fois, au moins, Saint Odilon [4]. Yépez [5] signale la présence de Saint Hugues à Rome, lors de l'élection de Léon IX. Une autre fois, Léon de Marsi nous le montre au Mont-Cassin [6], formant, avec l'abbé Didier, une communauté

(1) De la page 1 à la page 41.
(2) *An. Ben.*, t. III, p. 431, 444 et 459.
(3) *An. Ben.*, t. III, p. 616, 626.
(4) *An. Ben.*, t. IV, p. 238, 289 et 482.
(5) *Chroniques générales.....* t. VI, p. 117.
(6) Chronica Cassinensis, p. 395.

de prières et de bonnes œuvres. Il assiste au Concile romain ; et Platina [1] le fait apparaître à Canosse, à côté de Grégoire VII. Les uns après les autres, ils s'en allaient avec amour reconnaître leur chef suprême, le servir, le consulter, recevoir et rapporter aux Frères ses avis et ses décisions souveraines.

Car ce n'est pas sans de grands efforts et des luttes continuelles que pourra se réaliser la pensée d'affranchissement qui a présidé à la naissance de la congrégation de Cluny. Ce n'est pas sans user de sages précautions et de pieuses industries que le monastère pourra se conserver dans la dépendance immédiate du souverain Pontife, et procéder librement à l'élection de son chef. Deux fois on verra ses abbés obligés, pour prévenir les troubles et les prétentions séculières, de se donner des coadjuteurs, des successeurs dès leur vivant, en les soumettant au choix de la communauté. Ainsi Saint Mayeul [2] et Saint Odilon [3] arriveront à la prélature abbatiale. C'était l'unique moyen de mettre en vigueur les droits du monastère contenus dans la charte de fondation et d'empêcher les étrangers laïcs ou ecclésiastiques de s'immiscer dans l'élection claustrale. On prenait les devants pour en faire une affaire de famille. Mais, dès le XI.e siècle, c'est une question jugée, un grand procès gagné ; et Saint Odilon mourant, assuré désormais de la liberté des suffrages, se refuse à désigner son successeur, malgré la demande que lui en

(1) *Vitæ Pontif.*, p. 382.
(2) *Bibl. Clun.*, col. 283, D, E.
(3) *Bibl. Clun.*, col. 317, A, B.

font les Frères [1]. Il ne faut pas en douter, c'est à cette parfaite liberté d'élection que Cluny est redevable des choix qui ont mis à sa tête des hommes comme ceux qui l'ont gouverné jusqu'au milieu du XII.ᵉ siècle. La crainte de Dieu, l'humilité chrétienne, le seul désir du bien général guidaient les suffrages des pauvres moines. Le produit de leur scrutin était toujours un élu de Dieu, un instrument d'honneur et de vertus.

Udalric, au livre des *Anciennes Coutumes de Cluny*, nous a conservé les circonstances de l'élection de St. Hugues, en l'an 1049. Sur un point aussi fondamental de la réforme de Cluny, nous croyons devoir reproduire une partie de son récit.

IV.

« Le temps était venu de pourvoir aux besoins du bercail désolé. Après s'être livrés au jeûne et à la prière, pour obtenir du Prince des pasteurs un pasteur selon son cœur, les fils d'adoption se réunissent, uniquement préoccupés du salut des âmes. Le Grand-Prieur [2] se prosterne au milieu du Chapitre général, et, après le chant des psaumes, il se lève et adresse à Dieu une

---

(1) « Beatus autem pater Odilo, rogatus in extremis suis quid sibi de » successore videretur, non acquievit ad hoc quemquam nominare. » (*Antiq. Cons. Clun. mon.*, lib. III, c. 1.)

(2) Le Grand-Prieur (*Prior Major*), dès l'instant de sa promotion, assiste l'abbé en toutes choses spirituelles et temporelles. Il en est le vicaire-général, et tient sa place quand il meurt ou s'absente. Le Prieur claustral (*Prior claustralis*) est le vicaire du Grand-Prieur. Les fonctions et les prérogatives de ces deux dignitaires, les premiers après l'Abbé, sont longuement exposées dans *Udalric* (Lib. III, cap. 4 et 6) et dans *Bernard* (Pars prima, cap. 3 et 4).

longue et touchante prière, pour demander la pureté
d'intention, la lumière et la force du Saint-Esprit......
« Soyez, dit-il en finissant, soyez notre salut, inspirez-
» nous, conduisez-nous, vous qui, seul avec le Père
» et le Fils, possédez un nom glorieux. Ne souffrez pas
» que nous troublions l'économie de votre justice, vous
» qui aimez la souveraine équité. Ne permettez pas que
» l'ignorance nous égare, que la faveur nous séduise,
» que la cupidité ou l'acception des personnes nous
» corrompent et nous fassent dévier du droit chemin.
» Mais unissez-nous à vous efficacement par le don de
» votre grâce, afin que nous soyons un en vous et que
» nous demeurions dans la vérité!..... » Quand il eut
fini sa prière, les religieux, toujours prosternés, répon-
dirent *amen*. Alors, le Grand-Prieur les fit asseoir, et,
s'adressant à eux, il leur recommanda de ne point douter
de l'assistance d'en-haut. Il proteste, pour sa part, que,
quel que soit leur élu, fût-il le plus petit des enfants,
de toute son âme et sans le moindre orgueil il est prêt
à lui obéir. Le Prieur claustral fut invité à dire le premier qui il pensait qu'on dût élire. Après quelques
instants d'hésitation, cédant enfin à sa conscience à
laquelle il était incapable de mentir, il nomme le Grand-
Prieur, et lui donne son suffrage. Il n'y eut qu'une voix
pour applaudir à ce choix, et le Grand-Prieur fut nommé
par acclamation [1]. L'élu seul faisait entendre de sincères

---

[1] L'élection par acclamation emporte l'unanimité des suffrages exprimés,
sans discussion préalable, au milieu d'un saint et religieux enthousiasme.
La règle de Saint-Benoît (c. 64) et les Coutumes de Cluny n'exigeaient pas
un tel concours de circonstances. Le plus souvent, l'élection se faisait au

réclamations. On ne savait, disait-il, ce qu'on faisait ; on ne le connaissait point ; on trouverait en lui un homme sévère. N'étant encore qu'inférieur, il avait déjà laissé paraître plus de présomption que tous les autres prieurs ; que serait-ce donc si on l'élevait plus haut[1]? Il mêlait aux paroles d'abondantes larmes qui faisaient bien voir qu'il n'avait pas un sentiment sur les lèvres et un sentiment contraire dans le cœur. Mais, quoi qu'il pût dire, il n'obtint rien. On donna l'antienne *Confirma hoc, Deus, etc.* On le conduisit sur le siége abbatial. Tous les Frères, l'un après l'autre, vinrent s'incliner devant lui et l'embrassèrent .... Ainsi savait-on entourer l'élu de la pieuse considération due aux prélats....[2] Plaise à Dieu, ajoute Udalric, que la postérité imite toujours ces nobles exemples que nous avons cru dignes de lui être transmis! La bénédiction abbatiale fut faite ensuite par l'archevêque de Besançon, toujours en vertu des franchises de Cluny. »

scrutin et à la majorité absolue des voix; quelquefois même, la simple majorité des suffrages exprimés pouvait suffire. Voir de longs et intéressants détails sur les élections bénédictines, dans Perez, *Comm. in Reg. S. Ben.*, p. 612, etc.; — D. Martenne, *Comment. in Reg.*, p. 834, — et S. Benoît d'Aniane, *Concord. Reg.*, p. 134, 140 et 142.

(1) Udalrici, *Antiq. Consuet. Clun. mon.*, l. III, c. 7.

(2) Quod cùm non sit indignum memoriâ posteritatis, ipsis quoque posteris utinàm libeat imitari. *Antiq. Cons.*, l. III, c. 1.

CHAPITRE II.

ORGANISATION DE LA CONGRÉGATION DE CLUNY.

I.

Cluny, apparaissant au monde avec ce double caractère d'indépendance absolue vis-à-vis du siècle et de
dépendance immédiate du St.-Siége, fixait sur lui les
regards de la chrétienté. De toutes parts les monastères
étaient soumis à sa réforme. Cette réforme puisait sa
force dans l'esprit d'association.

L'idée d'une vaste association religieuse, qui pût mieux
résister qu'une maison isolée et aux interventions laïques
et au relâchement dans la discipline régulière, appartient
d'abord à Cluny. « La pensée du grand patriarche des
» moines d'Occident, dit M. Dalgairns, était que
» chaque monastère formât une petite république, sous
» la direction exclusive de son abbé. Les abbayes,
» d'après sa règle, n'étaient point liées les unes aux
» autres..... Chaque monastère formait une commu-

» nauté indépendante. Ce système grossier et imparfait
» était la ruine des institutions monastiques (1). »

Aussi, St. Benoît d'Aniane, au IX.ᵉ siècle, avait-il
essayé de réunir toutes les abbayes de l'empire Carlo-
vingien en une seule congrégation (2). Mais sans autres
liens que le génie du fondateur et la bonne volonté des
membres associés, cet essai n'avait pas eu de suite : à
la mort de Benoît d'Aniane, toutes choses étaient
retombées dans le même état.

Au sein même de Cluny, si cet esprit d'agrégation
se produisit de bonne heure (3), il fut néanmoins très-
lent à se réaliser d'une manière solide et durable. Sous
St. Odon, au milieu du X.ᵉ siècle, la congrégation de
Cluny apparut au monde vaste et belle comme les
tentes d'Israël. Les nombreux monastères que le saint
abbé avait été appelé à réformer, jusqu'au sein de
Rome (4), avaient accepté les mêmes règles de conduite
et de discipline. Mais ils n'étaient attachés entr'eux par
aucun lien commun ; ils ne tenaient qu'à la personne
de l'abbé, dont la grande réputation de prudence et de
sainteté avait attiré leur confiance. A la mort d'Odon,
l'œuvre d'unité fut encore une fois ébranlée et dissoute.
Car les idées les plus fécondes ont leurs années d'enfance,
et n'arrivent à leur maturité qu'au jour marqué par la
Providence. C'est St. Hugues qui est regardé comme le

(1) Vie de St. Etienne Harding, p. 262.
(2) *Concord. Regul.*, p. 21, 22, 23.
(3) La bulle déjà citée de Jean XI contient ces paroles expresses : « Si
» cœnobium aliquod..... ad meliorandum suscipere consenseritis, nostram
» licentiam ex hoc habeatis. »
(4) D. Plancher, *Hist. de Bourg.*, t. I, p. 151.; Mab., *An. Ben.*, t. III, p. 432.

vrai fondateur de la Congrégation de Cluny et qui l'est en effet [1]. C'est lui qui sut faire accepter et aimer ces liens d'émulation, de vigilance, d'activité et d'humble subordination qui l'ont conservée jusqu'aux derniers temps grande et illustre. Aussi est-il appelé Hugues-le-Grand, dans les chroniques contemporaines. Sous son gouvernement, qui remplit plus de la seconde moitié du XI.ᵉ siècle (1049 — 1109), Cluny prit à tous égards des développements qu'il n'avait point eus encore, et qu'il n'a plus surpassés depuis. Si le XI.ᵉ siècle tout entier est le grand siècle de Cluny, on peut dire que sa première moitié est à la seconde, sous le rapport de l'éclat, de l'influence et des services, ce qu'était, dans la grande basilique de St. Hugues, la première Eglise à la seconde [2].

II.

Par quels moyens St. Hugues vint-il à bout d'assurer la solidité de son œuvre mieux que n'avaient su faire ses illustres prédécesseurs; de la transmettre à ses successeurs, non-seulement dans toute sa force de cohésion, mais encore avec des éléments d'avenir et de prospérité indéfinis?

Le premier moyen fut un redoublement de vigilance. On multiplia les visites aux monastères agrégés, pour

---

(1) Mabilonii Præfat. *in Tom. IV Act. SS. Ord. S. Bened.* — D. Plancher, *Hist. de Bourg.*, t. I, p. 151.

(2) Hist. de Cluny, 2.ᵉ édit., p. 64. — Mab., *An. Ben.*, t. V, p. 252. A cette page, le savant bénédictin donne la gravure du monument.

les conserver dans la ferveur, ou les ramener dans
les sentiers de la paix et de la régularité, ou les
réconcilier avec de redoutables voisins. Saint Mayeul [1]
et Saint Odilon [2], succomberont à la tâche et loin de
Cluny, dans le cours de leurs visites abbatiales ; mais
peu importaient à ces hommes de Dieu les fatigues et les
périls inséparables, à cette époque surtout, des longs
voyages ? — Que dirons-nous de Saint Hugues ? Comment
expliquer sa prodigieuse activité ? Tantôt, au moment
où nous le croyons à Cluny, il arrive brusquement à la
Charité-sur-Loire [3], et démasque, parmi les Frères, un
homme imbu des détestables doctrines du Manichéisme ;
— tantôt nous sommes transportés avec lui au fond de
l'Aquitaine [4], en Normandie [5] ou à St.-Jean-d'Angély [6].
Là, une voix intérieure lui révèle des désordres à Cluny ;
il y accourt, corrige le coupable et le ramène dans les sentiers de la vertu. Ce n'est pas seulement la France, mais
l'Europe entière, qui le verra souvent apparaître, comme
le soleil qui éclaire et réchauffe. Les routes d'Angleterre,
d'Espagne et de Portugal, d'Italie, d'Allemagne, de
Hongrie, de Pologne lui sont familières. Ce n'est point
la curiosité, le plaisir ou l'orgueil qui lui font entreprendre et exécuter ces nombreux et pénibles pèleri-
nages, mais le zèle du bien et l'intérêt de la réforme.

On conçoit donc que l'unité de sentiments et d'action

(1) *An. Ben.*, lib. L, cap. 88.
(2) *Bibl. Clun.*, col. 327 D.
(3) *Bibl. Clun.*, col. 422, 440.
(4) *Bibl. Clun.*, col. 444 B. C.
(5) *Monast. Angl.*, t. II, p. 615.
(6) *Bibl. Clun.*, col. 444 C.

devait se maintenir dans les rangs d'une armée dont le chef savait ainsi se multiplier et se trouver partout en personne ou par d'autres lui-même.

III.

Le second moyen fut la rédaction des statuts et des coutumes de Cluny. Il n'y a rien d'absolu dans la discipline monastique. Elle peut, elle doit se modifier selon les époques, se régler sur les exigences des lieux et les besoins des sociétés. Saint Benoît [1] laisse au supérieur le soin d'adoucir ou de changer avec prudence sa règle dans quelques circonstances. Le bonheur de Cluny, c'est que ses saints et illustres chefs aient mieux compris que personne les aspirations de leur siècle, le milieu où la Providence les avait placés. De là, des observances particulières à Cluny, et qui dérogeaient quelquefois ou suppléaient au texte de Saint Benoît.

Pour obvier au disparate et aux divisions qui pourraient naître plus tard, Saint Hugues donna à ses religieux des statuts, et chargea, vers l'an 1060, l'un de ses plus pieux et plus savants disciples, nommé Bernard [2], de rédiger les Coutumes de son monastère. Plus tard (1085), et sur les instances de Guillaume, abbé d'Hirschau, au diocèse de Spire, Ulric ou Udalric, autre disciple de Saint Hugues, se livrait à un semblable travail, et laissait à ce célèbre monastère ses *Antiquiores*

[1] *Regula Sancti Bened.*, cap. XL, p. 61.
[2] *Bibl. Clun.* Dans les notes d'André Duchesne, col. 24.

Consuetudines Cluniacensis Monasterii, en échange de la touchante hospitalité qu'il y avait reçue[1]. Guillaume envoyait jusqu'à trois fois deux de ses religieux à Cluny observer, le livre d'Udalric à la main, les pratiques du grand monastère, et s'assurer qu'elles étaient fidèlement reproduites. Vivement sensible à cette filiale affection, l'abbé de Cluny les accueillait avec joie, les secondait dans leur œuvre d'exploration ; et, à leur départ défi-nitif, il recommandait à l'abbé d'Hirschau de modifier ces Coutumes, en les appliquant à son monastère, d'après l'avis des anciens, et d'avoir égard aux usages des Allemands, à la position de lieu, au climat, etc. ; d'en retrancher ce qui lui paraîtrait inutile, d'y faire les changements et les additions qu'il jugerait conve-nables[2]. Nous dirons donc des *Coutumes de Cluny*, comme de la règle de Saint Benoît, qu'elles n'avaient rien non plus d'absolu. Et, toutefois, elles devaient être un puissant lien de centralisation.

Il y a entre Bernard et Udalric une grande ressem-blance, puisqu'ils traitent le même sujet. Le premier est plus détaillé, le second plus méthodique. Tous deux nous transportent successivement dans tous les lieux réguliers, devant tous les dignitaires de l'ordre monas-tique. Les lire, c'est assister, non pas un jour, mais

(1) *Antiq. Consuet.*, *in præmio* : « Panem vestrum sum comessurus, » dignum est etiàm ut interim voluntati vestræ obedire non sim imparatus. »
(2) *An. Ben.*, t. V, p. 222 : « Quibus novissimè revertentibus Hugo..... » injunxit suo nomine Willelmum monere ut ex his Consuetudinibus, » seniorum suorum consilio seligeret quæ secundùm morem patriæ, situm » loci, aërisque temperiem monasterio suo convenire judicaret, et ex eis, » si quid esset superfluum, demeret ; si quid mutandum, mutaret ; si quid » addendum, adderet. » Mabilonii *Vetera Analecta*, p. 155.

l'année entière, à tous les exercices, à toutes les solen--
nités du cloître. On conçoit qu'il ne nous est pas possible
de les suivre. Qu'il nous suffise de citer leurs ouvrages
comme le second moyen de conserver dans son unité
la Congrégation de Cluny. Du reste, nous aurons souvent
occasion, dans la suite, de puiser à ces deux sources
intéressantes.

IV.

Ce n'est pas assez : la grande institution des chapitres
généraux surgira en ce siècle, au sein de la Congrégation
de Cluny; et, à des époques rapprochées et périodiques,
on verra de l'Europe entière accourir, à la voix de l'abbé,
les supérieurs ou les délégués des monastères. Saint
Benoît voulait que, dans les affaires importantes, l'abbé
consultât toute la communauté [1]. Cette sage précaution,
cette espèce de liberté religieuse sera transportée en
grand dans l'immense Congrégation de Cluny. Au Chapitre général, on discutera les intérêts et les besoins
spirituels du cloître, comme les conciles font les intérêts
et les besoins de l'Eglise. On rendra compte de l'état de
chaque communauté; toutes seront groupées par provinces monastiques, et le Chapitre général, avant de se
séparer, nommera deux visiteurs pour chacune de ces
provinces. Leur devoir sera d'y aller assurer l'exécution
des mesures décrétées dans le Chapitre général, de voir
de près l'état des choses, d'entendre et d'accueillir au

[1] *Reg. S. Ben.*, cap. III, p. 13.

besoin les plaintes des faibles, et d'y régler toutes choses pour le bien de la paix.

Dès le temps de Saint Odilon, on préludait à l'établissement des Chapitres généraux. Mais ils n'avaient point encore la forme parfaite que le temps et l'expérience leur donneront plus tard. Dans un acte public de Gervais, évêque du Mans, nous lisons ces paroles : « Cette » excommunication a été prononcée par les évêques et » prêtres soussignés, *et par plus de cinq cents prêtres* » *dans le saint synode du très-saint abbé de Cluny, Odilon,* » sous l'inspiration duquel nous avons agi [1]. » Cet acte nous a été conservé par Mabillon.

V.

Pour mettre le sceau à toutes ces sages précautions, Saint Hugues, dans une de ces assemblées générales, sans doute, et avec ce don de persuasion que Dieu lui avait donné, fera agréer partout l'abolition du titre abbatial, conservé jusqu'à lui aux monastères soumis à la discipline de Cluny. Ils seront réduits en simples prieurés, et leurs chefs, par une modestie que la foi seule peut inspirer, s'empresseront de substituer le titre subalterne de prieur à celui d'abbé ou de pro-abbé.

Dans le catalogue des abbés de Sauxillanges (Celsiniæ) en Auvergne, conservé manuscrit à Cluny, on trouve d'abord neuf abbés jusqu'à Etienne de Mercœur, en

---

[1] « Hæc excommunicatio facta est ab episcopis et sacerdotibus subs— » criptis, et à plusquàm quingentis sacerdotibus in sanctâ synodo sanctissimi » abbatis Cluniacensis monasterii Odilonis, cujus admonitione hæc egimus. » (Mabil., *An. Ben.*, anno 1047, liv. LIX, n. 3.)

1034 : « *IX.*us *Stephanus de Mercorio, abbas Celsiniarum.* » Puis, immédiatement après : « *X*,us *Hugo de Mercorio,* » *abbas et prior,* 1060, *quià tunc reducta est abbatia in* » *prioratum, per S. Hugonem Magnum.* » Tous les supérieurs qui suivent ne sont plus qualifiés que du seul titre de prieur [1]. Dès l'an 1060, cette grande mesure est donc en vigueur. Elle fut solennellement sanctionnée dans une bulle de Paschal II, de l'an 1100 [2]. Le Pontife y énumère, entre autres, trente-six monastères ainsi transformés en prieurés. Il y ajoute le nombre de onze abbayes, qui devaient, à cause de leur gloire antique ou de leur éclatante fondation, conserver le titre abbatial, même sous la dépendance de Cluny. Ce sont celles de Vézelay, Saint-Gilles, Saint-Jean d'Angély, Saint-Pierre de Moissac, Maillezais, Saint-Martial de Limoges, Saint-Cyprien de Poitiers [3], Figeac, Saint-Germain d'Auxerre, Saint-Austremoine de Mauzac et Saint-Bertin de Lille.

Dans ces abbayes toutefois, comme dans les simples prieurés, la nomination du supérieur était expressément réservée à l'abbé général. L'application de ce droit est constatée dans la lettre de Saint Hugues aux religieux de Moissac, où il leur recommande la soumission à l'abbé *qu'il leur a donné :* « *Domnus abbas quem vobis præfecimus, etc.* [4] » (1078.)

---

(1) Ce catalogue se trouve dans le manuscrit in-fol., intitulé : *Necrologium historicum Cluniacense,* etc., etc., etc., page 119. Georges Burin.

(2) Voir cette bulle dans le *Bull. sacr. Ord. Clun.*, p. 32 ; — et dans Guichenon, *Hist. de Bresse,* aux preuves, p. 216 et 217.

(3) Saint Cyprien de Poitiers est le même que Moustierneuf *(Novum Monasterium).* Ses abbés se trouvent, comme les abbés et prieurs de Sauxillanges, dans le *Necrologium historicum Cluniacense,* manuscrit, p. 135.

(4) *Ann. Ben.*, t. V, p. 130.

Déjà, cinq ans auparavant, Saint Hugues ne consen-
tait à se charger du monastère de Lézat qu'à la condition
que l'élection de l'abbé lui serait abandonnée et à ses successeurs après lui. En pareille circonstance, dit Mabillon[1],
il mettait toujours cette condition, afin, comme l'exprime
la charte, *de ne point travailler en vain, et dans la crainte*
que le monastère réformé ne vînt bientôt à retomber dans
un état pire que le premier. Les moines de Lézat consen-
tirent à tout, et on obtint du Saint-Siége la confirmation
de cette *charte faite le quatrième jour après la Toussaint,*
l'an de l'Incarnation 1073, *en présence de D. Hugues,*
abbé de Cluny; D. Hunald, abbé de Moissac, et de
Guillaume, évêque d'Auch, sous le pontificat de Grégoire
VII et sous le règne de Philippe, roi des Francs[2].

Urbain II, à son tour, *priait* Saint Hugues et lui *enjoi-*
gnait, au besoin, *de regarder le monastère de Beaulieu*
comme un membre de son ordre, de le gouverner avec
sollicitude et de lui donner toujours pour abbés des reli-
gieux de sa congrégation[3].

Paschal II va plus loin. Ce pontife blâme hautement
un pieux solitaire, nommé Bernard, de s'être laissé
élire et bénir abbé de Saint-Cyprien de Poitiers, sans
avoir eu recours à Cluny, *inconsultis Cluniacensibus.* Il
reprend sévèrement l'évêque de Poitiers d'avoir procédé
à cette bénédiction abbatiale : « Comme vous êtes membre
» de l'Eglise romaine, nous nous étonnons que vous

(1) et (2) *Ann. Ben.*, t. V, p. 70.
(3) *Bibl. Clun.*, col. 525, E : « ..... rogantes atque præcipientes ut belli-
» loci monasterium omninò deinceps..... regas; et abbatem illic de Clunia-
» censi semper congregatione constituas..... »

» osiez vous insurger contre votre chef ; car vous
» n'ignorez pas que le monastère de Saint-Cyprien, par
» une disposition du Siége apostolique, a été confié au
» monastère de Cluny. Et vous, nous a-t-on dit, vous
» avez donné la consécration à un abbé élu clandesti-
» nement, sans tenir compte des priviléges concédés
» par l'Eglise romaine. Nous ordonnons donc que cet
» abbé soit privé de son office, jusqu'à ce qu'il ait donné
» satisfaction à l'abbé de Cluny, et que l'église de Saint-
» Cyprien, en exécution des constitutions émanées de
» Rome, soit maintenue sous l'autorité de l'abbé de
» Cluny (1). »

Dès-lors, le glorieux travail de l'unité est consommé,
et nous pouvons emprunter les expressions suivantes de
l'écrivain anglais que nous avons déjà cité : « Au temps
» de Saint Hugues, Cluny était un grand et magnifique
» royaume. Sa domination s'étendait sur 314 monastères
» et églises. Son abbé était un prince temporel qui,
» pour le spirituel, ne dépendait que du Saint-Siége.
» Il battait monnaie sur le territoire même de Cluny,
» aussi bien que le roi de France dans sa royale cité de
» Paris... (2) » Ajoutons que cette monarchie spirituelle
était tempérée par des institutions qui ont précédé de

---

(1) *Ann. Ben.*, t. V, p. 460. « Cùm Romanæ Ecclesiæ membra sitis,
» miramur quòd vestro capiti scienter contrà itis. Neque enim ignoratis
» Sancti-Cypriani monasterium per Sedis apostolicæ dispositionem Clunia-
» censi monasterio esse commissum. Tu verò, ut audivimus, abbatem illic
» repentè electum adversus Romanæ Ecclesiæ privilegia consecrasti. Undè
» præcipimus, ut idem frater abbas officio careat, donec Cluniacensi abbati
» satisfiat, et Ecclesia ipsa juxtà Romanas constitutiones in abbatis Clun.
» ordinatione persistat. »
(2) Hist. de Saint-Etienne Harding, p. 264.

600 ans ces institutions constitutionnelles, regardées généralement comme une des plus belles conceptions de l'esprit humain et comme une création des temps modernes. Les conseils des anciens, des grands dignitaires de l'ordre et les Chapitres généraux préludaient à nos conseils des ministres, à nos assemblées délibérantes.

CHAPITRE III.

CARACTÈRE PARTICULIER DE CLUNY.

I.

Il n'y avait rien que de magnifique dans cette vaste unité, rien que d'aimable et de sagement tempéré dans cette suprême autorité de l'abbé. Et nous aimerions à nous étendre sur les *Caractères généraux* qui attiraient tous les cœurs vers Cluny et rendaient sa discipline si délectable. Le relàchement et la tiédeur en étaient impitoyablement bannis. Mais aussi, rien qui ressemblàt à cette sévérité brutale qui marquait souvent les vertus mêmes de ce siècle. Douceur et modération, telle semblait être la devise de Cluny; et Saint Odilon l'avait admirablement formulée, en disant *qu'il aimait mieux pécher par excès de douceur que par excès de sévérité* [1].

On vit bien cet esprit se manifester solennellement dans le temps où Saint Hugues reçut (vers l'an 1062) une première visite de l'illustre et saint cardinal Pierre

---

[1] « Etiamsi damnandus sim, malo tamen de misericordiâ quàm ex duritiâ » vel crudelitate damnari. » (*Bibl. Clun.*, col. 318, B.)

Damien. Un jour, dans un élan de ferveur, Pierre ouvre
naïvement son âme à Saint Hugues. Il voudrait qu'on
soumît les Frères à une observance plus rigoureuse de
l'abstinence, à des jeûnes plus austères et plus multipliés.
Saint Hugues, avec la même simplicité, lui demande
de se soumettre huit jours seulement à la discipline
régulière de Cluny, de se livrer, pendant ce temps, aux
exercices et aux travaux habituels de ses Frères, et
d'ordonner ensuite tout ce qu'il voudrait[1]. Admirable
esprit de fraternité et de vraie tolérance qu'on vit souvent
paraître dans la vie de notre Saint, toujours également en
garde contre l'exagération et le relâchement[2]. L'ardent
promoteur de l'usage des cilices et des disciplines de
fer[3] en fut touché, et s'avoua vaincu. Et personne,
peut-être, n'a prodigué plus de louanges à la sagesse et
à la ferveur de Cluny que Saint Pierre Damien, dans les
lettres qu'il écrivit depuis à Saint Hugues[4].

(1) Hist. de l'Église gallicane, t. VII, p. 377, in-8.º — *Damiani Epist.*,
lib. VI, epist. 2.
Bibl. Clun., col. 461 et 462. Voici les paroles de Saint Hugues : « Si,
» inquit, Pater charissime, vultis augere nobis coronam mercedis, per
» additamentum jejunii, tentate priùs nobiscum pondus laboris vel per octo
» dierum spatium, et deinceps æstimabitis quid adjiciendum censere debeatis.
» Nam quamdiù non gustaveritis pulmentum, nescire poteritis quid exigat
» condimentum salis, et si non adhibuéritis saltem minimum digitum
» vestrum, nequaquàm judicare de onere fraterno discretè ac dignè vale-
» bitis. »
(2) *Bibl. Clun.*, col. 416, E.
(3) *Ann. Ben.*, t. IV, p. 559. « Per id tempus maximè invaluit spontanea-
» rum flagellationum usus quas Petrus Damiani *virgarum scopas*, vulgus
» *disciplinas* vocat. Earum auctores habiti sunt idem Petrus Damiani et
» Dominicus cognomento *Loricatus* (Dominique le Cuirassé), quo nullus
» umquàm in se flagellando durior et severior fuit. Rectiùs ambos ejusmodi
» flagellationum propagatores dixeris quàm auctores. » Suit une *intéressante*
dissertation, de deux pages in-folio.
(4) *Bibl. Clun.*, col. 477, jusqu'à la col. 490 inclusivement.

Le grand abbé de Cluny savait aussi condescendre avec discrétion aux infirmités de ceux qui étaient novices dans la voie de Dieu ou le désir de la perfection. Depuis long-temps, le comte Guy d'Albon lui exprimait l'attrait intérieur qui l'appelait vers son institut. Mais une répugnance invincible et naturelle chez un grand seigneur accoutumé aux molles pelleteries, aux vêtements de soie, le retenait toujours. Il aurait embrassé volontiers des pratiques plus rigoureuses que celles de Cluny; il ne pouvait se résoudre à porter sur sa chair la bure grossière du moine bénédictin. Saint Hugues, *ne calamum quassatum contereret*, dit la chronique, l'autorise à porter sous la bure des étoffes de soie; et voilà notre comte d'Albon, dans le noviciat, le plus fervent et le plus humble des Frères, parce qu'il sentait qu'il avait à racheter par les sentiments du cœur ce qu'il se reprochait lui-même comme une mollesse des sens. Bientôt il a honte de sa faiblesse, et se demande comment il peut se résigner à être le dernier dans les saintes pratiques du cloître, lui qui était toujours le premier dans les choses du siècle!.... Il quitte, il repousse avec une sainte horreur l'usage de la soie, pour se soumettre pleinement aux observances communes. C'est ainsi qu'une concession faite à propos peut devenir quelquefois le principe des plus héroïques vertus[1].

Qu'on ne se figure pas que cette aimable et prudente tolérance tînt seulement au caractère particulier de Saint Hugues. C'est vraiment là l'esprit de la congrégation tout

(1) *Bibl. Clun.*, col. 459.

entière, et il nous serait aisé de multiplier les faits, en prenant au hasard quelques-uns des grands personnages sortis en ce siècle de l'ordre de Cluny. Saint Odilon, par exemple, dont nous avons déjà cité la touchante maxime, et le bienheureux Guillaume de St.-Bénigne[1], ne sont-ils pas admirables de prudence et de condescendance dans leur conduite vis-à-vis de l'abbé Hugues de Farfa (*Etats de l'Eglise*)? Ils arrivent en ce lieu au moment où Hugues, qui en était devenu abbé, comme il n'était alors que trop commun, par simonie, reconnaissant et déplorant son crime, songeait à donner sa démission, et à s'en aller ailleurs vouer le reste de ses jours à la vie pénitente. Nos deux Clunistes, touchés de ses saintes dispositions, le dissuadent de sa pensée, l'engagent, au contraire, à conserver son abbaye, mais pour la réformer. C'était, lui disaient-ils, la manière la plus parfaite d'expier et de réparer sa faute, que de s'employer à ramener la vertu et la perfection dans cet asile désolé [2]. Hugues de Farfa ne se résigna qu'à la condition que son monastère serait soumis immédiatement à la discipline de Cluny. Plus tard, il réussit à faire agréer sa démission, pour aller, dans un autre monastère, se livrer à cette pénitence dont il avait une soif si ardente. Mais, après cinq ans de retraite, cédant aux instances du pieux empereur Henri, de Saint Odilon surtout, et aux conseils du Concile romain, Hugues consentit à remonter sur le siége abbatial de Farfa. (1014.)

---

(1) *Ann. Ben.*, t. IV, p. 206, 207 et 208. — 238.
(2) « Ut dignam pœnitudinem perficerem, me admonuerunt, et ne abba-
» tiam dimitterem omnimodis interdixerunt. » *Ibid.*

II.

Laissons les faits particuliers. Une des pensées fonda-
mentales de Cluny était de diriger les passions des
hommes au lieu de les heurter, et de faire servir les
sens aux progrès de la vertu. Pour mieux saisir l'imagination de ces hommes qui venaient du milieu des agitations et de l'ignorance du siècle chercher un refuge à
Cluny, on multipliait les cérémonies, le chant et la
lecture des psaumes. Et nous pensons que Fleury a tort
d'en faire un reproche à notre institut bourguignon. Il
oublie que ces esprits simples et grossiers n'étaient ni
aussi cultivés que le sien, ni aussi capables de se soutenir
dans les hauteurs de la contemplation, sans le secours
extérieur de la prière vocale.

Cluny, au XI.ᵉ siècle, est la transition entre l'époque
séculière qui l'a vu naître et l'institut plus austère, plus
abstrait de Citeaux, qui naîtra au siècle suivant. Citeaux
consacrera la pauvreté jusques dans le culte de Dieu;
Cluny sanctifie le luxe et la richesse. Aussi, quoi de
plus magnifique que les offices de Cluny aux grandes
solennités, dans cette basilique incomparable!... Quoi
de plus riche que ces ornements chargés de l'or et des
pierreries de l'Orient! Depuis les fêtes de Sion, aux jours
du premier temple, rien d'aussi grandiose n'avait peut-
être frappé les regards des hommes; rien de plus
digne du Dieu de l'univers n'avait captivé les anges du
ciel. Que de grandeur aussi et quelle majesté entoure
l'abbé de Cluny, quelque part qu'il nous apparaisse!

Sa maison ressemble à celle d'un roi. Le but était d'honorer, dans la personne de l'abbé, l'autorité de Dieu même. Toute cette magnificence était cependant une extension à la règle de Saint Benoît, une sorte de transaction avec les sens que la féodalité avait rendue nécessaire, et qui forme un des traits spéciaux et caractéristiques de la réforme de Cluny.

Nous aimerions à contempler dans le silence ces nobles enfants du désert qui ont étonné le monde, et dont la vie était celle des anges plutôt que celle des hommes. Nous aurions des pages bien touchantes à écrire sur l'unanimité de sentiments et d'action, sur la sainte rivalité de perfection et de pénitence de ces quatre cents Religieux [1] qui animaient alors et parfumaient de leurs vertus l'humble vallée de la Grosne, aujourd'hui muette et désolée. A côté de Geoffroy de Semur, frère de Saint Hugues [2], du comte d'Albon, du comte Guy de Mâcon [3], du duc de Bourgogne [4], nous admirerions, dans la pratique de l'humilité, des noms étrangers dignes de ceux-là : un Sigefroid de la maison de Saxe, devenu moine d'archevêque de Mayence [5]; un comte Hermann

(1) 400 *Religieux....* *Bibl. Clun.*, col. 1651. « Pavit per annum (Henricus » Wintoniensis) 460 monachos tunc existentes in dicto monasterio Clunia-» censi, ut habetis in libro capituli dicti Cœnobii. »

(2) *Bibl. Clun.*, col. 599, 742, 1289, etc.

(3) Guy de Mâcon. Voir Guichenon, *Bibl. Sebus.*, p. 412. — *Spicilegium*, in-folio, t. III, ad annum 1078.

(4) Gregorii VII epist., lib. *in Actis conciliorum*, t. VII, p. 1409, anno 1079. — *Bibl. Clun.*, col. 459 D, 1646 B.

(5) Sigefroid fut rendu plus tard aux vœux de son peuple, et dut, sur un ordre formel de Saint Hugues, retourner à Mayence, pour préserver cette illustre église des malheurs du schisme. (*Bucclin, Ann. Ben.*, an. 1077, — et *Fuldens, Antiq.*, lib. I, p. 73 et 74.)

de Zeringhen(1), grand autrefois par sa puissance terrestre, plus grand aujourd'hui par sa vertu qui lui faisait
trouver son bonheur et sa gloire à garder un ignoble
troupeau, après avoir été, selon l'expression homérique,
pasteur des peuples. Mais nous dépasserions les limites
d'un mémoire académique. Et puis, aujourd'hui, on ne
goûte plus guère généralement, on ne comprend plus
les vertus purement intérieures, les mérites silencieux!

Nous ne pouvons pas davantage nous mettre à contempler dans le ravissement le rayon lumineux des
prophètes et la vertu toute-puissante des thaumaturges
que l'esprit de Dieu se plaisait à faire briller, comme une
double auréole, dans Saint Odilon et dans Saint Hugues.
Et cependant, il est certain que, en ces siècles de foi,
sur une société inculte et impressionnable, ce double
attrait des vertus intérieures et surnaturelles avait dû
contribuer beaucoup à la renommée incomparable de
Cluny. Les biographies contemporaines de nos saints
abbés sont toutes remplies de faits de cette nature. Nous
y renvoyons le lecteur, et nous passons aux services
extérieurs et éclatants rendus à l'humanité.

(1) Bertholdus Constantiensis. — Yépez, *Chroniques générales de l'Ordre
de Saint Benoît.*

CHAPITRE IV.

EXPANSION DE CLUNY DANS LES CHOSES DU DEHORS.

I.

Les services rendus à l'agriculture, et par là même aux peuples de la campagne, par les moines de la Congrégation de Cluny, sont incontestables.

Le docte Mabillon, dans la sixième préface de ses *Acta Sanctorum* (1), parlant du défrichement des contrées germaniques, ne tarde pas à prononcer le nom de Cluny, et arrive bientôt aux efforts laborieux de ses enfants, surtout dans les premiers temps, pour rendre partout la terre féconde et lui restituer son nom de nourricière du genre humain. Pour nous, obligés de nous restreindre, nous ne toucherons qu'aux souvenirs locaux.

Ce sont les moines de Cluny qui ont rendu à l'action bienfaisante du soleil la riche et belle vallée de la Grosne, qu'ils trouvèrent en grande partie couverte de forêts.

(1) *Act. Sanct. Ord. S. Bened.*, t. V, n.ᵒˢ **48** et **49**.

La charte de fondation fait remarquer que Cluny n'était en lui-même qu'une *villa*, composée d'une toute petite ferme (*cum cortile*) et d'une maison qui n'avait pas le titre de seigneurie, qui n'était qu'un pied-à-terre, un rendez-vous de chasse (*et manso indominicato*); expressions importantes, que M. Lorain oublie dans sa traduction[1]. Quand le prince y appela les moines, il ne s'y trouva point d'habitation convenable pour les recevoir : *Perparva conciola..... quià Princeps dominium in promptu non habebat*[2]. Cluny fut choisi par Bernon, précisément parce qu'il se présentait à lui dans l'état où les moines aimaient à trouver les lieux où ils devaient se fixer, c'est-à-dire retirés, sauvages, incultes et incapables d'exciter la convoitise des séculiers[3]. « Ils » arrivèrent, dit la chronique citée par Lorain[4], dans » un lieu écarté de toute société humaine, si plein de » solitude, de repos et de paix, qu'il semblait, en » quelque sorte, l'image de la solitude céleste. » Quoi qu'en dise Raoul Glaber[5], c'eût été déjà bien quelque chose que ces quinze métairies qui furent données à Cluny dès le principe, si elles eussent été en état de culture passable : *quindecim terræ colonias*[6]. Et cependant, selon cet historien, il n'y avait là que pour nourrir douze Frères à peine. La charte du fondateur donne expressément *cultum et incultum*. Il fallait que ces terres

---

(1) *Bibl. Clun.*, col. 2, linea secunda.
(2) Radulphus Glaber, apud *Bibl. Clun.*, col. 6 B.
(3) *Bibl. Clun.*, col. 5 C.
(4) Hist. de l'Abb. de Cluny, 3.e édit., p. 16.
(5) *Historia Francor.*, lib. III, cap. 5.
(6) *Bibl. Clun.*, col. 7 E.

incultes fussent considérables, pour qu'il valût la peine
d'en faire mention dans un acte public et solennel. Puis ces
vignes, prés, moulins, maisons, chapelle, etc., ne sont pas
à Cluny même, mais disséminés dans le comté de Mâcon
et ailleurs : *Quæ res sunt sitæ in comitatu Matisconensi
vel circà*[1]. Enfin, ce qui, dans le principe, suffisait à
peine pour douze moines, en nourrissait, à la fin du
XI.ᵉ siècle, plus de quatre cents, sans compter les
aumônes aux pauvres et aux voyageurs [2]. Sans doute,
de nouvelles donations étaient venues agrandir les propriétés du monastère, mais pas dans cette immense
proportion. La culture, mise en honneur et bien dirigée,
fut pour beaucoup dans cet accroissement de bien-être
et de prospérité.

Cluny est bien l'ouvrage des moines ; les beaux sites,
les riches campagnes qui l'avoisinent sont bien le fruit
de leur intelligence et de leurs persévérants efforts. Nous
devions tenir à rétablir ce point d'histoire locale trop
légèrement contesté de nos jours.

Ce sont les Clunistes qui ont commencé, au XI.ᵉ siècle,
à défricher les montagnes du Beaujolais, à orner de
vignes ses côteaux, et à rassembler autour de leur monastère de Salles quelques habitants, qui trouvèrent, à
l'ombre du cloître, aide, secours et protection.

Quand St. Hugues fonda le royal asile de Marcigny[3],
les belles plaines de la Loire, comme les fraîches collines
du Brionnais, n'étaient guère fréquentées que par les
loups et les sangliers.

(1) *Bibl. Clun.*, col. 2 A.
(2) *Bibl. Clun.*, col. 1651 C.
(3) *Bibl. Clun.*, col. 491 D. — Grand Cartul. de Cluny, fol. 138.

Ce sont deux moines du diocèse de Mâcon, Etienne, abbé de Saint-Rigaud, et son prieur Erménalde[1], qui s'en allèrent, avec Guillaume, moine de Cluny, munis de la seule bénédiction de Saint Hugues, s'établir d'abord sur le rocher de Cordouan. Ils y vécurent quelque temps du produit des pêches de frère Guillaume, et revinrent ensuite, selon le vœu des populations voisines, se fixer sur le continent, bâtir des cellules et remuer le sol de Grave ignoré alors, et aujourd'hui même connu seulement par les vins fins et recherchés que produisent ses coteaux défrichés jadis et plantés par nos utiles et intelligents solitaires.

Il faudrait parcourir ainsi toute l'Europe. Partout où paraissait dans le monde une petite colonie de Clunistes, on voyait le sol remué se couvrir bientôt de vignobles, ou de riches moissons, ou de fraîches et verdoyantes prairies. L'Eglise, le Monastère s'élevaient laborieusement. Tout près se dressaient, timides d'abord, les humbles cases du pauvre; puis, à force de travail, d'ordre et d'économie, l'aisance se faisait autour du monastère, au sein de cette petite et bien-aimée *plèbe*, qui était venue chercher un abri contre la misère, un asile contre la tyrannie, à l'ombre protectrice du cloître. Ainsi sont nées un grand nombre de bourgades et de cités trop oublieuses du sein qui les a conçues, des entrailles qui les ont portées. Cluny, Paray-le-Monial, Marcigny-les-Nonains, Charlieu, etc., n'ont pas une autre origine.

---

(1) *Acta SS. Ord. S. Bened.*, t. V, n.os 48 et 49 de la préface. — *Ann. Ben.*, t. V, p. 647 et 648, in appendice.

II.

Si la terre était cultivée avec amour, les pauvres de Jésus-Christ l'étaient avec la plus affectueuse tendresse. Il devait en être ainsi parmi les disciples les plus parfaits d'un Dieu pauvre. Ecoutons Udalric[1] :

« Comme les hôtes à cheval étaient reçus par le *custode*
» ou *gardien de l'hôtellerie*, ainsi les voyageurs à pied
» l'étaient par l'aumônier. A chacun, l'aumônier distri-
» buait une livre de pain et une mesure suffisante de
» vin. En outre, à la mort de chaque Frère, on distri-
» buait, pendant trente jours, sa portion au premier
» pauvre qui se présentait. On lui donnait, en sus, de la
» viande comme aux hôtes, et à ceux-ci un denier au
» moment du départ. Il y avait tous les jours dix-huit
» prébendes ou portions destinées aux pauvres du lieu,
» auxquels on distribuait, en conséquence, une livre
» de pain ; pour pitance, des fèves quatre jours de la
» semaine, et des légumes les trois autres jours. Aux
» grandes solennités, et vingt-cinq fois par an, la viande
» remplaçait les fèves. Chaque année, à Pâques, on
» donnait à chacun d'eux neuf coudées d'étoffes de laine,
» et à Noël une paire de souliers. Six religieux étaient
» employés à ce service, le majordome, qui faisait la
» distribution aux pauvres et aux hôtes, le portier de
» l'aumônerie ; deux allaient chaque jour au bois, dans
» la forêt, avec leurs ânes ; les deux autres étaient chargés

[1] Udalr. *Antiq. Cons.*, lib. III, cap. 24.

» du four. On distribuait des aumônes extraordinaires
» à certains jours anniversaires et en mémoire de quel-
» ques illustres personnages, tels que Saint Odilon,
» l'empereur Henri, le roi Ferdinand[1] et son épouse
» et les rois d'Espagne. Chaque semaine, l'aumônier
» lavait les pieds à trois pauvres, avec de l'eau chaude
» en hiver, et il leur donnait à chacun une livre de
» pain et la pitance. En outre, chaque jour, on distri-
» buait douze tourtes (*tortæ duodecim*), chacune de
» trois livres, aux orphelins et aux veuves, aux boiteux
» et aux aveugles, aux vieillards et à tous les malades
» qui se présentaient. C'était encore le devoir de l'au-
» mônier de parcourir, une fois la semaine, le territoire
» de l'abbaye, s'informant des malades, et leur remet-
» tant du pain, du vin et tout ce que l'on pouvait avoir
» de meilleur. »

Udalric, qui nous a conservé tous ces détails, ajoute,
dans un autre endroit[2], que l'année où il écrivit ses
Coutumes, on avait distribué deux cent cinquante jam-
bons, et fait l'aumône à dix-sept mille pauvres, ce qui
donne en moyenne près de cinquante par jour. Et encore
nous n'avons parlé que des pratiques propres au monastère de Cluny. Les autres imitaient ces nobles exemples,
selon leurs moyens. Dans la préface de son deuxième

---

(1) Ce Ferdinand, fils de Sanche-le-Grand, avait été roi de Castille et de
Léon. Il était mort le 27 décembre 1065. (*Tabl. hist. généal. et chron.*, t. I,
p. 161.)

(2) *Antiq. Consuet.*, lib. III, cap. XI. Les derniers mots : « Ut non aliud
» dicam quàm quod contigit hoc ipso anno, illi qui pauperes recensuerunt,
» testati sunt septemdecim millia fuisse, quibus et in Christi nomine ducenti
» quinquaginta baccones divisi sunt. »

livre, Udalric raconte qu'à Hirschau, dans une bien mauvaise année, les moines, à force de sobriété et de privations, trouvèrent le moyen d'assister environ trente pauvres tous les jours, ce qui fait près de douze mille dans l'année[1]. Deux fois, Saint Odilon fit vendre, en temps de famine, ce que le monastère avait de plus précieux, et même les vases sacrés, pour subvenir aux besoins des malheureux. Il disait, avec Saint Ambroise, que *l'or de l'Eglise n'est pas fait pour être entassé, mais pour être distribué*[2].

III.

Quoi de plus touchant que le tableau suivant, où Hildebert met en relief la tendresse de Saint Hugues pour les pauvres ! « Doux et patient, il rendait grâce » quand il souffrait personnellement quelque injure[3]; » il pleurait quand c'étaient les pauvres qui en étaient » victimes. Et parce qu'il avait lu cette parole de Jésus- » Christ : *Ce que vous faites au plus petit des miens, c'est* » *à moi que vous le faites*, il pourvoyait à tous leurs » besoins avec une piété si attentive qu'on eût dit qu'il » assistait Jésus-Christ en personne. Aussi était-il » partout escorté d'une grande multitude d'indigents, » auxquels, *dispensateur fidèle et prudent*, il aimait à

(1) *Antiq. Consuet.*, lib. II, præfatio.
(2) *Ann. Ben.*, t. IV, p. 343. « Aurum enim Ecclesia habet, non ut servet, » sed ut erogat. »
(3) *Bibl. Clun.*, col. 416, 417. — Bolland., 29. Aprilis, vita S. Hugonis, ab Hildeberto, cap. I, n.º 4.

» offrir une nourriture et des vêtements préparés de ses
» propres mains. Du reste, il ne négligeait aucune œuvre
» de miséricorde, aucun moyen de les soulager. Il
» consultait leur goût et leur désir, lorsque les temps
» n'étaient point trop mauvais. Quand il était en voyage,
» des troupes nombreuses de pauvres accouraient à sa
» rencontre partout où ils apprenaient qu'il dût passer.
» Il leur distribuait l'or en abondance, donnant avec
» d'autant plus de bonheur qu'il savait que sa couronne
» en serait plus belle et sa récompense plus magnifique.
» Si les provisions qu'il faisait porter pour les pauvres
» venaient à lui manquer en route, il envoyait de côté
» et d'autre acheter de quoi subvenir aux besoins de
» la multitude, de quoi satisfaire les désirs des malades.
» Or, tous ceux à qui se faisait sentir le poids des
» années ou des infirmités plus graves, il les plaçait
» près de lui, entrait dans le détail de leurs afflictions
» avec un tendre intérêt, leur demandait avec une
» touchante sollicitude de quoi ils pouvaient avoir besoin,
» ce qu'ils pouvaient souhaiter. Leur langage grossier
» ne le rebutait point; leurs importunités ne le lassaient
» jamais. Il était beau surtout de le voir auprès des
» vieillards, qui joignaient à des plaies dégoûtantes de
» sempiternelles lamentations. C'est auprès d'eux qu'il
» laissait éclater toute la compatissance de sa belle âme,
» qu'il multipliait les bienfaits, qu'il était empressé à
» tous ces petits services qui n'ont leur récompense que
» dans les cieux. »

Nous renonçons, pour abréger, à rapporter les traits
nombreux où nous voyons nos courageux solitaires se

montrer et prendre hautement la défense du faible et de
l'opprimé contre les oppresseurs même couronnés [1].
Ce n'était pas un petit service rendu aux populations,
et il ne fallait pas une vertu médiocre pour l'entreprendre
dans ces âges malheureux.

Nous n'essaierons pas aussi d'énumérer tous les
coupables auxquels il leur fut donné d'offrir, dans le
sanctuaire de l'innocence, un refuge honorable et
salutaire. Nous pourrions montrer, à Cluny, l'accomplissement de la prophétie d'Isaïe [2], le loup paissant à
côté de l'agneau, le léopard auprès de la brebis, le chef
de voleurs [3] à côté de l'innocence baptismale et rivalisant
de vertus avec elle; le meurtrier du frère de Saint
Hugues [4] venant se jeter aux pieds de ce frère désolé
et recevant de lui pardon, asile et salut : « Hugues,
» dit Hildebert, voulant imiter et reproduire, à l'égard
» des meurtriers de son père et de son frère, la douceur
» de David, pardonna à ces deux grands coupables.
» Ce n'est pas tout : l'assassin de son frère, ne voyant
» plus où se réfugier contre la vengeance des proches
» de sa victime, trouva sur son sein une héroïque
» protection. Admis à Cluny, il y gagna la vie du temps
» et celle de l'éternité. Attentif aux exhortations du

(1) *Bibl. Clun.*, col. 429, 430 et 417, C, D : « Prætereà tyrannidem prin-
» cipum, quâ incessanter adversùs Christi pauperes grassabantur, non minùs
» exhortatione proficeret, muneribus mitigabat. »
(2) « Semper enim sub eo, et per eum, juxtà illud Isaiæ, lupus habitavit
» cum agno, et pardus cum hædo. » *Bibl. Clun.*, col. 458, E.
(3) *Ann. Ben.*, t. III, p. 432.
(4) Ce frère de Saint Hugues s'appelait *Jocerand de Semur*. Il était le
cinquième des six enfants du comte Dalmace. Mss. M., *Généalogie de la
maison de Semur.*

» saint abbé et touché de componction , il prit enfin
» l'habit de la pénitence, sous lequel il acheva heureu-
» sement le dangereux pélerinage de ce monde , et ne
» quitta cette vie que pour une meilleure [1]. »

(1) *Bibl. Clun.*, col. 430 , B.

CHAPITRE V.

DIFFUSION DE L'ORDRE DE CLUNY.

I.

Ainsi s'épanouissait dans le monde cette rose mystérieuse d'Hermon, transplantée au pied de nos montagnes,
acclimatée dans nos vallées. Ainsi Cluny se montrait
digne de ces regards que le ciel et la terre tenaient fixés
sur lui, le ciel pour le bénir, la terre pour avoir part
à ses bénédictions. Et ces bénédictions s'étendaient sur
toute l'Europe, et jusqu'en Palestine avec les premières
croisades.

L'état, par provinces, de la Congrégation de Cluny,
n'occupe pas moins de quarante-sept colonnes in-folio
du *Bibliotheca Cluniacensis* (col. 1705 — 1752.) Nous
ne pouvons étaler ici cette glorieuse nomenclature de
provinces et de monastères illustres qui venaient, la
plupart, dès le XI.e siècle, se grouper autour de
l'église de Cluny, et la reconnaissaient pour mère. Nous
nous sommes appliqués de préférence à rechercher les
causes de la prospérité de Cluny et à les mettre en relief,

persuadés que tel était le vœu de l'Académie de Màcon. La prédominance de Cluny, sur tout l'ordre monastique au XI.ᵉ siècle, est un fait qu'il fallait expliquer. Un livre suffirait à peine, si l'on voulait en suivre le mouvement et les conquêtes. Nous nous bornerons donc à noter l'époque principale de son apparition dans les divers royaumes de l'Europe et les circonstances qui l'y ont appelé.

La France eut les prémices et la plus grande part des bénédictions de Cluny. Aux douze abbayes que nous avons nommées plus haut [1], venaient se joindre, entr'autres, les prieurés de la Charité-sur-Loire, de St.-Martin-des-Champs, de Nogent-le-Rotrou, de St.-Saturnin en Provence, de Souvigny, de Sauxillanges, etc., etc., qui tous dépendaient de Cluny dès le XI.ᵉ siècle [2], ayant à leur tour, sous leur obédience immédiate, chacun une légion sacrée de prieurés disséminés au loin sur notre sol et à l'étranger [3]. Ils étaient chargés de leur communiquer l'esprit de la maison-mère, de diriger par leur sagesse, de soutenir, par les encouragements et l'exemple, la ferveur religieuse de leur nombreuse famille.

Mais les limites de la France étaient trop étroites pour contenir le zèle et les bienfaits de Cluny. Ils ne tardèrent pas à s'étendre au-delà ; et il nous est doux de recueillir l'éclatant et solennel hommage de l'empereur Henri II [4].

---

(1) Ci-dessus, n.° IX.
(2) *Ann. Ben.*, t. IV, p. 103, 498 ; — t. V, p. 121, 141.
(3) *Bibl. Clun.*, col. 1706 — 1745.
(4) Henri II, de Saxe, régna de 1006 à 1024. (*Tabl. hist. généal.*, t. I, p. 57.

Le pape Benoît IX offrait à ce prince, le jour de son couronnement, un globe d'or enrichi de pierreries et surmonté d'une croix d'or. « A nul autre, dit-il,
» ce présent ne convient mieux qu'à ceux qui, ayant
» foulé aux pieds les pompes du monde, suivent, avec
» ardeur, la croix du Sauveur; » et, en présence du Pontife, il remet le globe d'or aux Clunistes, dans la personne de Saint Odilon qui assistait au couronnement [1].

Ce n'est pas assez; en revenant d'Italie, il veut passer à Cluny, accompagné de Saint Odilon et de Saint Meinverc, évêque de Paderborn, 1015[2]. Il reconnaît que Cluny est au niveau de sa renommée, et, dans son saint enthousiasme, le jour de la Chaire de Saint Pierre, à la messe, il lui donne sa riche couronne d'or, demande et obtient d'être affilié à l'ordre, et se recommande aux prières de tous les Frères.

Meinverc, de son côté, emmène quatorze religieux fonder une colonie au cœur de l'Allemagne, à Paderborn, (1015). Les possessions de Cluny étaient le patrimoine des pauvres; les religieux ne s'en réservaient rien; et, quand la fervente colonie se mit à l'ouvrage, elle n'avait, disent les *Annales Benedictini*, qu'*une livre de pain, un peu de breuvage et la règle de Saint Benoît* [3]. La prospérité du nouvel établissement, grâce au travail, à la

(1) « Nullis, inquit, meliùs hoc donum congruit, quàm illis qui, mundi
» calcatis pompis, Salvatoris crucem expeditiùs sequuntur; » statimque globum illum misit ad Cluniacense monasterium. (*Ann. Ben.*, t. IV, p. 235.)
(2) *Ann. Ben.*, t. IV, p. 241, 242.
(3) « Iisque secum adductis cum librâ panis ac potûs, necnon regulâ
» Sancti Benedicti.... » (*Ann. Ben.*, t. IV, p. 242.)

science et à la ferveur des religieux, prit une rapide extension, et tint, dès ce jour, les regards des Allemands merveilleusement attachés sur Cluny. Nous verrons, dans la troisième partie, les relations, presque de famille, que Saint Hugues entretiendra avec les empereurs et les plus saints personnages de ces contrées. En attendant, les diocèses de Lausanne, de Bâle, de Constance, etc., ouvriront à notre institut un grand nombre de leurs monastères, tels que ceux de Payerne, Saint-Alban, La Selle, dans la Forêt Noire, fondée par Saint Udalric, dont elle prendra le nom plus tard [1].

II.

C'est le tour de la Pologne. Le nom et l'institut de Cluny ont pénétré aux extrémités de l'Europe ! Le prince Casimir, dégoûté du monde par les agitations dont ce royaume était le théâtre, était venu furtivement demander un asile à Cluny (1034). Il avait pris le froc avec amour et reçu l'ordre sacré du diaconat [2]. Exilé de la Pologne par les révolutions, les révolutions l'y rappelèrent. Par une mesure aussi hardie que sage d'intérêt social, Saint Odilon consent à le perdre, et le pape Benoît IX le relève de ses vœux religieux et ecclésiastiques. Le nouveau roi, dans sa ferveur, un peu indiscrète peut-être, s'engage à faire porter, par tous les Polonais, les cheveux coupés à la manière des Clunistes, et à ajouter l'étole de diacre aux ornements royaux. Ce vœu fut,

(1) *Bibl. Clun.*, col. 1742. — *Ann. Ben.*, t. IV, p. 228, etc.
(2) *Ann. Bened.*, t. IV, p. 430, 431 ; — 397, 398.

plus tard, commué en la fondation du monastère de Tynéetz, pour soixante moines. Le roi fit bientôt une seconde fondation en faveur des Clunistes, celle du monastère de Mohilow (Magilicensis[1]).

L'auteur moderne du *Chronicon Cluniacense*[2], commet tout à la fois un anachronisme et une erreur de nom, quand il place ce récit au temps de l'abbé Hugues II (1123), et appelle Boleslas le prince dont il est ici question. Il n'y a pas eu deux rois de Pologne relevés de leurs vœux sacrés, et arrachés à la solitude pour s'asseoir sur le trône. Casimir est bien réellement le nom du moine de Cluny devenu roi, comme l'a écrit l'auteur des *Chroniques polonaises* (ch. 13). La double erreur que nous relevons, n'étonne point de la part d'un auteur qui place au même temps[3] la retraite à Cluny du duc de Bourgogne, objet, plus d'un demi-siècle auparavant, des plaintes touchantes de Grégoire VII[4]; et qui renvoie plus bas encore celle du comte Guy de Mâcon[5]. Le P. François de Rives, dans ce récit, qualifie son personnage du titre de duc, et ne nous parle que du duché de Pologne. Or, la Pologne avait des rois depuis l'an 1001, et Casimir était le troisième[6]. Le récit de Mabillon, que nous avons suivi, mérite seul confiance. Mais, hélas! l'œuvre de Casimir n'a pu traverser les siècles. Soit à cause des distances, soit par suite des

(1) *Ann. Ben.*, t. IV, p. 398.
(2) *Bibl. Clun.*, col. 1648 et 1649.
(3) *Bibl. Clun.*, col. 1646, B.
(4) *Act. Conc.*, édit. reg., t. VI, col. 1409.
(5) *Bibl. Clun.*, col. 1647. Guy se fit moine en 1078.
(6) *Tabl. hist. généal. et chron.*, t. I, p. 182.

révolutions fréquentes que ce malheureux pays a eu de tout temps à traverser, les liens qui unissaient les Clunistes de Pologne à la maison-mère se relâchèrent de bonne heure, et la province Polonaise ne figure plus dans l'état de la Congrégation de Cluny aux derniers siècles.

III.

Dès l'an 936, Saint Odon avait été appelé en Italie par le Pontife romain, pour établir les moines et la réforme de Cluny au monastère de Saint Paul de Rome et en d'autres lieux[1]. Mais ce n'était pas encore la grande Congrégation de Cluny. L'isolement laissa bientôt s'éteindre l'esprit de la communauté mère et modèle ; et dix ans seulement après, Saint Paul avait besoin d'une nouvelle réforme, que le pape Agapet II demandait cette fois aux religieux de Gorze, diocèse de Metz[2].

La véritable origine de la province Cluniste d'Italie date de la fondation du monastère de la Cava, l'an 1025[3]. Alfier, né à Salerne, d'une famille lombarde, homme très-instruit dans les lettres et attaché à la personne du prince Vaimer, tombe malade au monastère de St.-Michel de Cluse[4], où il était venu remplir une mission, de la part du prince, auprès du roi de Germanie[5]. Dégoûté du siècle,

(1) *Ann. Ben.*, t. III, p. 431.
(2) *Ann. Ben.*, t. III, p. 432.
(3) *Ann. Ben.*, t. IV, p. 316.
(4) Cluse, fondé par un seigneur d'Auvergne, est près de Turin (*Ann. Ben.*, t. III, p. 580).
(5) Conrad-le-Germanique qui régna de 1024 à 1043. (*Tabl. hist. généal.*, t. I, p. 57.) On sait que les souverains d'Allemagne ne prenaient le titre

il demande l'habit religieux à Saint Odilon, qui se trouvait à la suite du monarque. Odilon l'emmène à Cluny, et, après l'épreuve, lui accorde sa demande. Alfier consacre dès-lors à la religion l'activité et l'habileté qu'il avait jusque-là consumées pour le siècle, et arrive bientôt à une haute perfection; sa renommée revient aux oreilles de Vaimer qui le réclame, lui confie tous les monastères de sa principauté, parmi lesquels il y en avait un de Bénédictins, que les Sarrasins avaient entièrement ruiné. Puis Alfier quitte la ville [1] et se retire sur le flanc du mont Fenestra, appelé depuis Saint-Hélie. Mais, dit la légende, tout ce qu'il construisait le jour s'écroulait pendant la nuit. C'est pourquoi, franchissant une étroite vallée où coule le Sélano, il vint s'établir sur une montagne qui s'élevait en face de la première, et se fit une retraite de la Cava de Métellien. « Là, dit l'auteur de » sa Vie, caché dans les profondeurs d'une grotte vaste » et imposante, conversant seul à seul avec Dieu, » l'unique objet de ses affections, il veut fuir la gloire » du monde, et la gloire le poursuit; ses louanges sont » sur toutes les lèvres dans les villes voisines. » Ses vertus attirent des disciples, et parmi eux Léon de Lucques, qui lui succèdera, et Didier, qui deviendra abbé du Mont-Cassin et pape sous le nom de Victor III. La charte de Vaimer commence en ces termes : « Nous, » Vaimer père et Vaimer fils, par la clémence divine,

d'empereur qu'après leur couronnement à Rome; Conrad se rendait à la Ville Eternelle pour cette auguste cérémonie, qui eut lieu effectivement l'an 1025. (*Romanorum Imperatorum Effigies.... Johan. Bapt. de Cavalleriis, Romæ* 1583, *p.* 129.)

(1) *Ann. Ben* , t. IV, p. 317.

» princes des Lombards, autant pour accéder à la
» demande de la sérénissime et très-glorieuse princesse
» Gaiselgrina, notre bien-aimée épouse et mère, que
» pour la rédemption de nos âmes et le salut de
» notre patrie, nous vous accordons, vénérable abbé
» dom Alfier, notre père spirituel et notre homme de
» prière, dans sa totalité et intégrité, l'église que vous
» avez construite à vos frais, avec la grotte célèbre où
» elle s'élève, à la louange de la sainte et indivisible
» Trinité, en dehors de notre ville de Salerne, etc. (1) »
Telle fut l'origine du monastère de la Cava, c'est-à-dire
de la Grotte. Ce monastère dépendait encore de Cluny
à la fin du siècle dernier, et fut le berceau de la province
italienne ou lombarde.

Rien de pittoresque et de grandiose à la fois comme
l'aspect de la Cava, dont Mabillon nous a conservé la
gravure (2). Au pied de la montagne reposait le corps
principal du monastère. A droite et à gauche, sur le
flanc et jusqu'au sommet de la montagne, se présentaient
gracieusement à l'œil plus de trente ermitages ou cha-
pelles, jetés à pic sur les rochers, d'où s'élançaient vers
les cieux autant de tours surmontées d'une flèche conique.
A côté de chaque ermitage, une touffe de verdure, et

(1) « Nos Guaimarius et Guaimarius, pater et filius, divinâ opitulante
» clementiâ, Longobardorum gentis principes, tàm per postulationem Gai-
» selgrinæ serenissimæ atque gloriosissimæ principissæ, dilectæ conjugis et
» matris nostræ, quàm et pro redemptione animæ et patriæ nostræ salvatione,
» concedimus tibi, domino Alferio, venerabili abbati et spirituali patri
» oratori nostro, totam et integram ecclesiam illam cum inclitâ cryptâ in quâ
» ipsam ecclesiam à novo fundamine construere fecisti cum tuo expendio, in
» nomine sanctæ et individuæ Trinitatis, foris hanc nostram Salernitanam
» civitatem, etc., etc. »
(2) *Ann. Ben.*, t. IV, p. 316.

un petit champ cultivé par un solitaire. Tout ce tableau s'encadrait dans de frais et religieux ombrages.

Parmi les trente-six prieurés que la province Lombarde comprenait jusque dans les derniers temps [1], nous nous plaisons à signaler le monastère de Polironne ou *San-Benedetto (Sanctus-Benedictus ad Padum)*, au diocèse de Mantoue. San-Benedetto avait lui-même neuf prieurés sous son obédience immédiate. Mabillon rapporte à l'année 1080, le privilége de Grégoire VII en faveur de ce monastère [2] et son entrée dans la Congrégation de Cluny. Ce titre est adressé à Saint Hugues. Le pontife rappelle l'origine et l'étymologie de Polironne [3]. La comtesse Mathilde, petite-fille du fondateur, l'a remis entre ses mains ; il le donne à Cluny..... « Vous donc, » bien-aimé Frère et vénérable abbé, vous nous avez » envoyé pour le gouverner..... Frère Guy, homme de » piété et de doctrine, qui s'appliquera, avec l'aide de » Dieu, à le réformer selon la règle de Saint Benoît et » conformément à votre institut.... C'est pour cela que » nous vous l'avons confié, à vous et à vos successeurs » à perpétuité..... A la mort de l'abbé, il vous appar- » tiendra de pourvoir à son remplacement [4]. » Mais sortons d'Italie.

IV.

En Espagne, les institutions monastiques avaient été ruinées par les mêmes causes qu'ailleurs, *l'invasion de*

(1) *Bibl. Clun.*, col. 1744, 1745, 1746.
(2) *Ann. Bened.*, t. V, p. 157, 158.
(3) Ibid. « .... Monasterii.... consistentis inter littora *Padi et Larionis* fluminum, » undè, aït D. Mabilonius, « *Padolironense* vocabulum accepit. »
(4) *Ann. Bened.*, t. V, in append., p. 640.

la chrétienté par les infidèles, et *l'invasion du sanctuaire par le siècle* [1]. Dès l'an 1022, Sanche-le-Grand, roi de Navarre, de Castille et d'Aragon, voulant se montrer reconnaissant envers Dieu de ses victoires sur les Maures, entreprend de rendre à l'ordre monastique sa jeunesse et lui donne de l'extension dans ses états. Il commence par abandonner le monastère de Leyre au vertueux évêque de Pampelune, nommé aussi Sanche. Le motif exprimé de cette donation, c'était *d'arracher ce monastère aux mains laïques et séculières* [2]. L'évêque envoie aussitôt à Cluny demander quelques religieux. Partout les immunités de Cluny portent leur fruit. Quand on veut, dans le monde, affranchir quelque monastère du joug séculier et de la prélature laïque, il suffit de le soumettre à la discipline de Cluny. Paterne, formé à l'école de Saint Odilon [3], arrive avec quelques religieux ; et tel fut l'éclat que jeta tout d'abord leur sainteté et leur doctrine, que, l'année suivante, le roi obtint du concile de Pampelune un décret qui ordonnait que désormais les évêques d'Irun [4] seraient toujours pris dans ce monastère Cluniste. Il joint à cette première donation celle du monastère d'Onia. Un peu plus tard, son fils Ramire, généralisant la pensée de Sanche-le-

---

(1) « In illis partibus.... penè omninò defecerat (ordo monasticus) tùm ex
» Maurorum cladibus, tùm ex cupiditate et rapacitate hominum sæcularium
» qui res ecclesiasticas tunc pervaserant. » (*Ann. Ben.*, t. IV, p. 296.)

(2) « Ne hunc locum occuparent laïci sæcularisque ordo, qui post Maurorum
» invasionem totius Hispaniæ ecclesias invaserant. » (*An. Ben.*, p. 895.)

(3) *Ann. Ben.*, t. IV, 296. — L'évêque Sanche, qui avait été précepteur du grand roi d'Aragon, vint mourir sous la discipline de Saint Odilon, à Cluny. — *Fr. litt.*, t. VII, p. 426.

(4) *An. Ben.*, t. IV, p. 297.

Grand, fit étendre ce décret à tous les évêques d'Aragon, dans le concile tenu à St.-Jean de la Pegna.

Jérôme Blanca, dans ses *Commentaires sur l'histoire d'Aragon*[1], nous a conservé l'acte de ce décret solennel.

« En présence du glorieux prince Ramire, des
» vénérables évêques Sanche, Garcie et Gomez, des
» abbés Blaise et Paterne, du monastère de Saint-Jean ;
» en présence de tous les Frères et de tout le clergé du
» royaume, réunis dans la salle capitulaire du susdit
» monastère, Sanche, évêque d'Aragon, a pris la parole. »
Suit le discours. Après un préambule sur la nécessité de régler et définir, selon la loi de Dieu et le concile de Nicée, tout ce qui tient au sacrement de l'ordre ; après avoir rappelé ce qui s'était fait précédemment, sous Sanche-le-Grand, dans un concile qui avait réuni les évêques de toute l'Espagne catholique, Sanche continue en ces termes : « Or, voici notre décret : Que tous les
» évêques d'Aragon soient formés et choisis parmi les
» moines du susdit monastère. » Le roi Ramire, debout au milieu du concile, dit : « J'approuve et je confirme
» le décret de Sanche, mon père, et je souscris à votre
» décision. » Tous les évêques, les abbés et le clergé, d'une commune voix, s'écrièrent : « Nous approuvons et nous
» signons avec vous. » Le roi reprend la parole pour vouer à la malédiction ceux de ses successeurs qui oseraient porter atteinte à ce décret, et il appelle les bénédictions du ciel sur ceux qui s'y conformeront.
« Cette décision a été proclamée le 7 des calendes de
» juillet 1062. » Pour reconnaître tant de gloire et de

---

(1) *Rerum Aragon. Commentarii....*, p. 99.

vertus, ajoute Blanca, le souverain pontife Grégoire VII honora Ramire du titre, devenu illustre et cher, de roi très-chrétien [1].

Le fils de Ramire, Sanche I.er, roi d'Aragon (Sanche-le-Grand, aïeul de celui-ci, était le troisième du nom, mais comme roi de Navarre [2]), confirme et amplifie les donations faites par son père et son aïeul, dans une charte de l'an 1080, et dans une seconde de l'an 1090, toutes deux reproduites intégralement par Jérôme Blanca [3]. La deuxième, qui est très-intéressante, n'a pas moins de cinq pages in-folio. Le prince, après avoir rappelé ce qu'a fait son illustre aïeul en faveur du monastère de St.-Jean, sépulture de sa famille, « Et » maintenant, continue-t-il, moi Sanche, le plus » humble des serviteurs de Dieu, roi sans aucun mérite » personnel,.... je veux que, comme les Clunistes sont » libres, ceux-ci soient affranchis de même de toute » servitude.... Pour couper court à toutes difficultés » qui pourraient survenir, je vais nommer les monas- » tères qui lui ont été donnés jusqu'à ce jour, et qui » sont ceux de Ste.-Cécile, de St.-Torquatus, de St.- » Sébastien, de St.-Pierre de Fonas, de Zérapuz, et les » églises qui en dépendent.... » Sanche ajoute de nouvelles églises et de nouveaux monastères qu'il donne et concède à son tour aux Clunistes. Cette charte est signée du roi, de son fils aîné Pierre, et contre-signée par le secrétaire du roi Sanche, Garcias, qui l'a écrite sur l'ordre de son maître.

---

(1) *Rerum Aragon. Comm.*, p. 99.
(2) *Tabl. hist. généal. et chron.*, t. 1, p. 159, 162.
(3) *Rer. Arag. Comm.*, p. 102, 103, etc.

On nous pardonnera de nous arrêter si long-temps à l'Espagne. Aucune nation n'a autant reçu de Cluny; aucune ne s'est montrée aussi magnifique dans sa reconnaissance. Cluny, par la prédication de ses moines-missionnaires, contribuait, à sa manière, à éloigner de l'Espagne l'idée et la nationalité Mauresques, fécondes jusque-là en malheurs et en ruines. Il prêtait aux armes catholiques, non-seulement l'appui de la vertu et le tribut de l'intelligence, mais il dirigeait aussi vers elle l'ardeur de nos guerriers; et, sans doute, il était parti avec la bénédiction et les encouragements de Saint Hugues[1] son grand-oncle, ce vaillant Henri de Bourgogne qui, par ses exploits contre les Maures, méritait de devenir le gendre du roi Alfonse VI de Castille, et la tige des rois de Portugal. Cluny rendait à l'Espagne renaissante sa place dans le concert européen[2], en lui faisant adopter l'ère commune de l'Incarnation; le rit romain[3]; et en réorganisant chez elle les autres institutions chrétiennes. Il ne reculait devant aucun sacrifice quand il s'agissait de cette église, de cette société si long-temps affligée; et il lui cédait ses plus grands personnages, tels qu'un Bernard, qui devint le premier archevêque de Tolède, un Dalmachius, qui fut élevé sur le siége de l'apôtre de la Galice[4].

(1) *Tabl. hist. gén.*, t. I, p. 165. — *Généal. histor. des Maisons souver.*, t. IV, tabl. de la descendance de Robert I.er.

(2) *France littér.*, t. VIII, p. 150.

(3) *Spicileg. Dacher.*, in-fol., t. III, p. 407 : « De Romano autem officio quod tuâ jussione accepimus.... » écrit Alfonse à Saint Hugues. — *Annal. Bened.*, t. IV, p. 42.

(4) *Bucelini An. Ben.* ad annum 1104. — Yépez, *Chroniques générales*, t. VI, p. 503 et suiv.

L'Espagne, de son côté, invoquait avec amour le grand nom de Cluny, multipliait ses dons et ses tributs ; et l'univers, il y a cinquante ans, contemplait encore avec admiration le monument,.... hélas ! nous allions dire impérissable, de ses royales largesses. Comme si ce n'eût pas été assez de nous avoir dotés de la basilique de Saint-Hugues, le roi Alfonse songeait encore à se donner lui-même [1]. Et il ne fallut rien moins qu'un ordre formel de Saint Hugues pour l'engager à rester en Espagne, et à continuer avec zèle l'œuvre de la régénération religieuse et sociale. Cependant, pour le consoler et se montrer reconnaissant à son tour, le glorieux patriarche de Cluny n'hésitera pas à passer les Pyrénées, à visiter cette généreuse nation ; et, pour lui exprimer tous ses sentiments dans la personne de son souverain, il ordonnera à toute sa Congrégation [2] d'accorder une part spéciale dans ses prières et bonnes œuvres à Alfonse, roi d'Espagne, « notre fidèle ami, qui nous a déjà fait » tant de bien et ne cesse de nous en faire.... Pendant » sa vie, on chantera, tous les jours, pour lui, le » psaume *Exaudiat* à Tierce, et, à la grand'messe, » l'oraison *Quæsumus omnipotens Deus*, etc. En mémoire » de ce prince, il y aura, le Jeudi-Saint, un lavement » des pieds particulier pour 30 pauvres, et, le jour de » Pàques, cent pauvres seront festoyés par le camérier. » Chaque jour la prébende du roi sera servie à la grande » table, comme s'il y était, et ensuite distribuée à quel- » que pauvre de Jésus-Christ..... Pour mettre le comble

(1) Bertholdus Const., apud *Ann. Bened.*, t. V, p. 316.
(2) *Spicilegium Dacherianum*, in-fol., t. III, p. 408.

» à ces bénédictions, nous lui avons donné dans l'église[1]
» des bienheureux apôtres Pierre et Paul, qu'il a lui-
» même élevée de ses propres biens, un des autels
» principaux où les divins mystères seront célébrés
» chaque jour pour son salut.... » Suivent d'autres dispositions analogues, messes, offices, aumônes auxquels
Saint Hugues engage sa Congrégation envers ce prince
lorsqu'il aura payé le tribut de la nature, et envers la
reine sa très-dévote épouse.

V.

Cependant, voici le redoutable conquérant de l'Angleterre, Guillaume de Normandie, qui, à son tour, incline
devant l'abbé de Cluny son invincible front, comme
autrefois le fier Sicambre devant Saint Rémy. Il déclare
qu'il s'estimera heureux s'il peut obtenir, pour son
nouveau royaume d'Angleterre, quelques-uns de ses
religieux, et il s'offre à les payer au poids de l'or[2].

Le mot, tout glorieux qu'il est pour ses enfants,
effraie Saint Hugues, dans un siècle où les princes du
monde achetaient et vendaient sans remords tout ce
qu'il y a de plus sacré dans la conscience et dans le
sanctuaire. Il répond qu'un bon religieux est quelque
chose de si excellent que tout l'or du monde ne saurait
lui être comparé. Et il ne craint pas d'adresser un refus
honnête au fier monarque, qui ne s'en offensera pas.
Ce n'est pas dire assez : en grand homme qu'il est,

(1) *Spicil. Dacher....*, t. III, p. 408.
(2) *Bibl. Clun.*, col. 453, 454.

Guillaume sera le premier à admirer de si hauts sentiments de dignité et de religion[1].

« Votre demande, Seigneur Roi, écrivait le saint
» abbé, provient d'une bonne volonté; vous voulez,
» dites-vous, diriger dans les voies du salut la nation
» que Dieu vous a confiée. Mais si une pareille demande
» est digne de Votre Majesté, elle est incompatible avec
» notre salut. Nous ne pouvons, séduits par un esprit
» mercantile et terrestre, vendre des âmes dont nous
» sommes chargés, au péril de notre âme, dont nous
» répondrons sur notre tête..... Devant Dieu, l'or est
» sans valeur, l'argent sans profit..... *Que sert à l'homme*
» *de gagner l'univers*, s'il perd son âme?... A aucun prix,
» très-cher Seigneur, je ne veux vendre la mienne. Or,
» ce serait la vendre, assurément, que d'envoyer un
» seul des Frères qui me sont confiés là où je suis
» convaincu qu'il se perdrait. J'ai, du reste, grand
» besoin de moines, pour les divers lieux que nous
» avons à pourvoir. Plutôt que d'en vendre, je donnerais
» de l'argent pour en avoir. Quelle crainte auraient-ils
» de notre Chapitre, dans une contrée où ils ne verraient
» aucun monastère de l'Ordre? A quel port aborder?
» Où jeter l'ancre? Ordonnez donc autre chose, et souf-
» frez patiemment un refus que nous ne vous adressons
» que parce qu'il y va du salut de votre ami. Adieu. »

Saint Hugues, pensons-nous, avait d'autres motifs
de refus que ceux qu'il met en avant. Le passage de la
mer lui faisait considérer l'Angleterre comme beaucoup
moins à la portée de Cluny que le reste du continent. Il

(1) *Bibl. Clun.*, col. 454, D, E.

craignait que l'esprit de sa congrégation ne pût s'y acclimater ou s'y maintenir. Mais voici la vraie raison. Le conquérant voyait de mauvais œil le clergé et les moines saxons qui avaient pris part, dans leurs prières et par leurs vœux, à la résistance nationale contre l'invasion normande. Il eût été bien aise de les molester en faisant apparaître des moines français, en s'efforçant de substituer ou d'imposer ceux-ci aux anciens monastères. Il cachait habilement son jeu sous les dehors d'un beau zèle, en appelant en Angleterre ce qu'il y avait alors de plus fervent et de plus renommé au monde entier dans l'ordre monastique. Saint Hugues était trop prudent pour ne pas pénétrer le rusé monarque ; il aimait trop l'Eglise et la paix pour se prêter à tous ces calculs de la politique mondaine.

Mais, quelque temps après, le beau-frère du roi, Guillaume de Warennes, comte de Surrey, passait à Cluny, dans un pélerinage qu'il faisait à Rome avec Gondreda, son épouse[1]. Ils furent si touchés des vertus qu'ils purent contempler et de la royale hospitalité qui leur fut donnée, qu'ils firent de nouvelles instances et obtinrent le B. Lanzon et deux autres Bénédictins de Cluny, pour fonder, à St.-Pancrace de Lewes, le berceau de la Congrégation en Angleterre.

L'acte de cette fondation, avec l'approbation du roi, se trouve dans le *Bibliotheca Cluniacensis*[2]. Il avait été envoyé à Cluny, où on le conservait aux archives. Mais les Clunistes anglais, sous le règne de Guillaume-le-Roux,

[1] *Monasticon Anglic.*, t. II, p. 615, etc.
[2] *Bibl. Clun.*, col. 532.

craignant d'être inquiétés dans leurs possessions, prièrent le fondateur de leur en donner un double exemplaire, ce que Guillaume de Warennes fit avec empressement. Ce second acte, plus long et plus solennel que le premier, est reproduit intégralement par Dodsworth[1]. Le comte rappelle d'abord dans quelles circonstances il avait été amené à Cluny avec Gondreda, son épouse; combien il avait été édifié des vertus dont il y avait été témoin et des attentions qu'on avait eues pour lui; son désir d'en obtenir quelques religieux, les difficultés, le succès; puis il continue :

« Je veux donc que ceux qui vivent présentement et
» ceux qui viendront plus tard sachent que moi, Guil-
» laume de Warennes, comte de Surrey, j'ai donné et je
» donne de nouveau à Dieu, à Saint Pierre, à l'abbé et
» au couvent de Cluny, l'église de Saint-Pancrace, au
» pied de mon château de Lewes,.... pour le salut de
» mon âme, de l'âme de Gondreda, mon épouse, du
» roi Guillaume, mon seigneur, qui m'a amené sur le
» sol anglais,.... de la reine Mathilde, mère de mon
» épouse, et pour le salut du seigneur roi Guillaume,
» son fils, dont l'avènement au trône d'Angleterre a
» précédé cette charte et qui m'a fait comte de
» Surrey[2].... » Vient ensuite une colonne in-folio, où sont énoncées les donations faites à Saint-Pancrace. Le monastère d'Acra, que le prince a l'intention de fonder, en dépendra lui-même. Saint-Pancrace est véritablement établi comme le centre et le chef des monastères de la

(1) *Monast. Anglic.*, t. II, p. 616.
(2) On voit qu'il s'agit évidemment de Guillaume-le-Roux.

Congrégation de Cluny en Angleterre. Le fondateur l'affranchit de toute espèce de charge ou de tribut. Il veut que, au besoin, les moines aient le droit de lui intenter une action à lui-même. Guillaume, selon l'usage, sanctionne sa charte par de terribles malédictions contre les violateurs de la justice, et par les bénédictions qu'il appelle avec effusion sur ceux qui respecteront sa volonté. « Je veux aussi, continue-t-il, que » mes moines et mes héritiers sachent que, lorsque » nous nous adressâmes, Gondreda mon épouse et moi, » à l'abbé Hugues, qui était venu en Normandie pour » parler au roi, mon seigneur, nous le priâmes de nous » rendre Dom Lanzon, notre prieur, qu'il avait retenu » une année entière à Cluny. De quoi nous avions été » tellement indisposés, que la pensée nous était venue » d'abandonner notre œuvre, de renvoyer les Clunistes » et de donner notre église à Marmoutiers. Mais l'abbé » acquiesça encore cette fois à notre demande, et, » cédant à nos instances, il nous promit que, si Dieu » bénissait notre établissement, il l'élèverait au rang » des plus considérables, toutefois après la mort de Dom » Lanzon, ou sa promotion à quelque dignité plus impor- » tante. » L'esprit normand[1] se révèle ensuite à côté des intentions les plus pures, par les précautions les plus flatteuses, pour les enfants de Cluny. « L'abbé nous » a promis que, lorsque les moines de Saint-Pancrace

[1] « Normanni, cauti et dolosi, nullas externas leges ferunt, suarum » adusque pertinaciam retinentes, litium avidi, et omnium ambagum scioli : » quare à peregrinis vitantur ; cæterùm ingenio urbano, et ad omnes artes » et scientias idoneo. » (*Gallia*..... Lugduni Batavorum, ex officiná Elzevi- riâná, 1629, p. 125.

» enverraient à Cluny demander un prieur [1], on leur
» enverrait un des meilleurs religieux de la Congréga-
» tion, celui qui serait jugé le plus capable de conduire
» les âmes, et le plus apte à gouverner le temporel de
» la maison, après le grand prieur de Cluny et le prieur
» de la Charité-sur-Loire [2]; qu'il résiderait et ne serait
» jamais rappelé [3], sinon pour des motifs tellement
» justes et plausibles, que personne ne puisse raison-
» nablement y trouver à redire. Et l'abbé a pris cet
» engagement dans un écrit scellé de son sceau et que je
» conserve. Nous avons pris toutes ces précautions, dans
» la crainte où nous étions de nous voir enlever Lanzon
» bientôt après son retour; car le roi élevait aux grandes
» dignités de l'Eglise tous ceux qui en étaient les plus
» dignes, et nous l'avions entendu nous-mêmes demander
» à l'abbé de Cluny douze de ses plus saints religieux
» pour en faire des évêques ou des abbés dans ses Etats
» héréditaires. Nous pensions aussi qu'un changement
» fréquent de prieur dans une maison récemment fondée,
» dans un pays nouveau, serait nuisible aux progrès
» et à la perfection...... Nous sommes convenus que
» Cluny recevrait de St.-Pancrace cinquante sous d'or,
» monnaie d'Angleterre;... mais que l'abbé s'en rappor-
» terait, pour le reste, au prieur, et n'aurait à s'occuper
» de St.-Pancrace que pour ce qui concerne les obser-

(1) Nouvelle preuve que les prieurs étaient à la nomination de l'abbé, et que la suppression du titre abbatial n'était pas une question purement nominale.

(2) Le monastère de la Charité occupait dès-lors une place importante dans la Congrégation. Plusieurs monastères de la province d'Angleterre lui étaient immédiatement soumis. (*Bibl. Clun.*, col. 1719.)

(3) Nouvelle constatation des droits et pouvoirs ordinaires de l'abbé de Cluny.

» vances monastiques , la correction des mœurs , dans
» le cas où l'autorité du prieur serait insuffisante..... »

Lewes , où se trouve Saint-Pancrace , est une petite
ville du diocèse de Chicester. Cette fondation eut lieu
l'an 1077, qui est celui où Lanzon vint en Angleterre ,
selon la chronique de Bermundsey [1].

L'an 1101 , le comte de Montgommery appelait les
Clunistes à Venelock , sur le tombeau oublié de sainte
Milburge , dont les reliques furent alors fortuitement
découvertes [2].

Le monastère de Dudley , était aussi de l'ordre de
Cluny , et le pape Lucius lui accordait de grands priviléges,
saufs l'autorité du siége apostolique, les droits de l'évêque
diocésain et le respect dû à l'église de Cluny [3]. « Salvâ...
« diœcesani Episcopi canonicâ justitiâ , » était sans doute
encore une condition imposée au pontife romain par
cette nation , qui mêla toujours quelque peu de finesse
et de défiance , jusque dans la manifestation de ses
sentiments religieux. Néanmoins, cette province Cluniste
fut florissante jusqu'au temps de la réforme , et dom
Marrier nous a conservé [4] l'état de ses établissements à
cette fatale époque.

VI.

Nous ne terminerons point cet aperçu sur la diffusion
de l'ordre de Cluny dans le monde , sans revenir à la

(1) *Monast. Anglic.*, t. II, p. 639.
(2) *Mon. Angl.*, t. II, p. 613.
(3) *Mon. Angl.*, t. II p. 614.
(4) *Bibl. Clun.*, col. 1748, 1749, 1750.

France. Mais l'espace nous manque. Dans un simple
mémoire nous ne pouvons développer le tableau des six
provinces bénédictines qui se la partageaient, sous la
suprématie de Cluny[1]. Pour nous dédommager, recueil-
lons pieusement un souvenir local, saluons le monastère de Marcigny.

Touché du sort et des soupirs d'un grand nombre de
dames illustres qui vivaient isolées au milieu du monde,
Saint Hugues voulut leur préparer un asile où elles
trouveraient les avantages que Cluny offrait aux
hommes[2]. Il consacra à cette œuvre la portion de son
héritage terrestre, l'humble villa de Marcigny. Aidé
des libéralités de Geoffroy II de Semur, son frère, il
commença son établissement en 1056, et, dès l'an 1061,
l'ordre régulier y était solennellement installé.

« Bientôt le désert se réjouira ; la solitude sera dans
» l'allégresse et fleurira comme le lis : elle germera de
» toutes parts ; ses hymnes, ses transports témoigneront
» de sa joie. La gloire du Liban lui est donnée, la beauté
» du Carmel et la fertilité de Saron. »

(1) Nous avons cité (n. XV) quelques-uns des monastères français. Nous
n'ajouterons ici que le nom des six provinces qui étaient celles de Lyon, de
France, de Provence, de Poitou, d'Auvergne et de Gascogne. (*Bibl. Clun.*,
col. 1705, etc.)

(2) « Bonum etenim nobis visum est ut sicut per sanctorum Patrum nos-
» trorum fundationem peccatores homines Cluniacum habebant, si sæculo
» et pompis ejus abrenuntiare vellent, ità et peccatricibus fœminis de mundi
» laqueis ad locum hunc fugientibus, et pro commissis suis ex corde gemen-
» tibus, divina clementia regni cœlestis non clauderet introitum. » (Extrait
de la charte inédite de Saint Hugues, dont nous possédons plusieurs copies.
Elle manque même au grand Cartulaire de Cluny, où se trouvent cependant
celles de Geoffroy, fol. 138 et fol. 157.) Duchêne, dans ses notes au *Bibl. Clun.*,
col. 85, en donne un fragment.

L'asile pieux de Marcigny, à peine ouvert, attire déjà les regards de toute la chrétienté ; et il nous est glorieux de pouvoir proclamer que jamais, probablement, monastère n'a réuni à la fois autant de majestés de ce monde accourues de tous les royaumes de l'Europe pour s'ensevelir dans l'humilité et l'oubli de la solitude.

L'Italie nous envoie la tendre dévotion de Mathilde de Bergame et de Gastonne de Plaisance ; l'Espagne nous donne les filles de ses rois, Véraise et Frédoline, toutes deux couronnées de l'auréole des saintes[1]. De l'Ecosse nous arrive Marie, fille de Malcom ; et de l'Angleterre, la sœur de Saint Anselme de Cantorbéry[2] et la fille de Guillaume-le-Conquérant, Adèle de Normandie[3]. Devenue, à la fleur de l'âge, veuve d'Etienne, comte de Blois, elle sut porter avec gloire le sceptre et la couronne jusqu'au jour où, les princes ses enfants étant capables de tenir les rênes de leurs états, il lui fut donné

---

(1) Courtépée appelle la première Varelise, nom que nous n'avons rencontré nulle part et qui doit être une faute d'impression. Dans nos manuscrits, et dans l'acte authentique de ses reliques, elle est appelée Véraise, *Verasia*, qui semble le même que Thérèse, *Theresia*. Nous lisons dans le *Catalogue manuscrit des Dames de Marcigny* : « 1137, Sainte Véraise, fille d'Alphonse » roy d'Aragon. Elle est vierge et martyre canonisée ; et on en fait l'office » double, le 15 juillet, dans le monastère de Marcigny, qui a l'honneur » d'être dépositaire de ses principales reliques..... 1138, Sainte Fradeline » (ailleurs, *Frédoline* et *Ferréoline*) d'Espagne, aussi vierge et martyre » canonisée. Elle fut prieure. » Aujourd'hui encore, les reliques de l'une et de l'autre demeurent exposées à la vénération, sur le principal autel de l'église St.-Nicolas de Marcigny.

(2) *Spicil. Dacher.*, t. III, p. 434. Saint Anselme écrit à son neveu : « Sollicitudinem et tristitiam quam tu habes de tuâ matre, ego quoque » tolero. Undè à D. abbate Clun. petii ut eam in monasterio ancillarum Dei » in Marcinneio susciperet : quod ipse libenter suâ gratiâ annuit propter » nostrum amorem, et ipsæ ancillæ Dei voluerunt. »

(3) Mss. M. — *Bibl. Clun.*, col. 635 E, 1289 E, etc.

de réaliser le vœu qu'elle formait depuis long-temps, de suivre le choix auquel elle s'était arrêtée, de vivre pauvre et cachée dans la maison de Dieu. La même ambition amenait bientôt à Marcigny Mathilde, veuve d'Etienne de Blois, roi d'Angleterre, Hermingarde de Boulogne, sœur de cette princesse, et Emeline de Blois, sa fille[1].

Les maisons souveraines d'Anjou, de Normandie, de Champagne, de Périgord, de Bourgogne, d'Aquitaine, de Bigorre et de Navarre, etc., avaient toutes à Marcigny leurs saintes représentantes parmi ces quatre-vingt-dix-neuf religieuses, occupées, jour et nuit, à lever les yeux vers les saintes montagnes, pour appeler sur leurs familles et sur le monde *la rosée du ciel et la graisse de la terre*[2].

A côté de ces illustrations du dehors, acquises à nos contrées, il nous est doux de retrouver, au premier rang, les gloires indigènes.

Ce sont les nobles femmes de Guy, comte de Mâcon, et de trente autres seigneurs de la province, qui vinrent ensemble, au jour de l'expiation, prendre le froc à Cluny. Le Catalogue manuscrit des Dames de Marcigny nomme, entr'autres, Elie et Sibille de Mâcon, Marguerite de la Bussière, qui fut ensuite abbesse de St.-Jean d'Autun,

(1) *Catalogue manuscrit des Dames de Marcigny.*

(2) C'était une tradition à Marcigny, et nous la retrouvons exprimée dans nos manuscrits, que Saint Hugues fit sa fondation pour cent dames, en y comprenant dans tous les temps *la Sainte Vierge*, qui avait sa place à l'église, sous le titre de *Notre Dame abbesse*, et au réfectoire sa portion destinée à un pauvre. Il n'y a jamais eu plus de 99 religieuses. (*Bibl. Clun.*, col. 1751, B.)

Ricoarde de Salornay, Elisabeth de Chalon, Pétronille de Damas et sa fille, Henriette de Coligny, etc. [1]

C'est la mère de Saint Hugues, Aremburge de Vergy, qui vint avec joie, dès l'origine, se ranger sous la discipline de sa fille Hermengarde de Semur, première prieure en 1061. Bientôt une autre fille d'Aremburge, une autre veuve désolée, la pieuse Hélie de Semur, duchesse de Bourgogne, viendra expier, autant qu'elle le pourra, par sa pénitence et par ses larmes, les crimes et les violences de son parricide époux [2].

C'est l'épouse de Geoffroy II de Semur, frère de cette princesse et de Saint Hugues, après l'abdication de son époux et sa retraite à Cluny [3]. Trois de ses filles, Adélaïde, Agnès et Cécile de Semur, suivront leur mère et leur aïeule dans cet asile béni, généreusement doté par leur père [4].

C'est la bienheureuse Gislas de Bourgogne [5] et la

[1] « In patrimonio suo locum statuit (B. Hugo), ubi de naufragio mundi fugere » possent quæ vellent, quatenùs VIRIS CLUNIACUM FUGIENTIBUS, et Sodomam » relinquentibus, uxores..... invenirent portum Marciniacum. » (Bibl. Clun., col. 455, C.) — Guichenon nous a conservé, dans son Bibliotheca Sebusiana, p. 412, l'épitaphe de Guy de Mâcon qu'il avait recueillie à Cluny. La voici : « Hîc requiescit Wido, comes Matisconensis, boni exempli et memoriæ, » qui nullum hæredem sæculo relinquens, conversionis gratiâ, Domino » ducente, Cluniacum venit, unà cum uxore, filiis ac filiabus, et triginta » militibus suis, qui omnes monachi facti sunt.... » Admirable intimité, qui couvre du glorieux nom de Cluny la gloire naissante de Marcigny ! Cette épitaphe se trouve aussi dans le Bibl. Clun., col. 1647, C.

[2] Mss. M. — Bibl. Clun., col. 430, B, C.

[3] Mss. M. — Bibl. Clun., col. 599, D, E; 742, A; 1289, A; 1657, D, E.

[4] Grand cartulaire de Saint Hugues (Mss. C.), fol. 138 et fol. 157.

[5] Suivant le Catalogue manuscrit des Dames de Marcigny, Gislas de Bourgogne avait été reçue en religion en 1078. C'est d'elle, sans doute, qu'il est parlé au livre 1 des Miracles, par Pierre-le-Vénérable (Bibl. Clun., col. 1282, A). Sa noblesse et sa foi sont également mises en relief dans ce récit.

vénérable Raingarde de Semur, dame de Montboissier. Celle-ci donna à Cluny Pierre-le-Vénérable, et à Marcigny ses propres vertus qui la firent choisir pour être, durant vingt ans, la Providence visible, comme elle était le modèle des anges du désert[1].

La communauté de Marcigny était vraiment la fille bien-aimée de Cluny. Elle croissait et se multipliait à l'ombre de sa mère; et jusqu'en Espagne, en Belgique et en Angleterre, il y avait des églises et des prieurés de sa dépendance[2].

(1) Aucun ouvrage imprimé ne fait connaître d'une manière précise l'origine et la famille de Raingarde qui, devenue veuve de Maurice de Montboissier, en Auvergne, vint à Marcigny, dans l'humble et important office de cellerière ou économe, qu'elle exerça pendant vingt ans *(Bibl. Clun.,* col. 736, *C.)*, mériter le titre de Vénérable, sous lequel elle est honorée dans l'Eglise. Godescard, au 26 juin, dit qu'elle tenait, par sa naissance, aux premières maisons d'Auvergne et de Bourgogne; et l'auteur du *Légendaire d'Autun* a simplement reproduit cette phrase. Il existe encore à Cluny un manuscrit in-fol. de D. Georges Burin, intitulé : NECROLOGIUM HISTORICUM CLUNIACENSE, etc. Il y a dans ce manuscrit beaucoup de choses qu'aujourd'hui on chercherait vainement ailleurs. On lit dans la table, p. 182 : *Raingarda de Semur, mater Petri vener. abb. Clun.,* p. 50. En ouvrant la p. 50, nous avons lu : *Sanctus Petrus de Montboissier, nobilis Arvernus, filius Mauritii Principis de Monte-Buxerio, et Raingardæ de Semur, filiæ nobilissimi Principis Goffridi de Sinemuro et Alexiæ de Guines.* Voilà comment Raingarde tenait aux premières maisons d'Auvergne et de Bourgogne.

Le même manuscrit nous fournit une preuve héraldique à joindre à ce témoignage. A la page 50, se trouvent les armes de Pierre-le-Vénérable. Il portait *écartelé au 1.er et au 4.e d'or au lion de sable armé, componé de gueules, l'écu semé de croix recroisettées de sable, qui est de Montboissier; au 2.e et au 3.e d'argent à trois bandes de gueules, qui est de Semur.* (Voir la *Vraye et parfaite Science des Armoiries, de maistre Louvan Geliot.* Dijon. Pierre Palliot, 1660, in-fol., p. 73 et 74. — 587.)

Enfin, les manuscrits de Marcigny s'accordent avec celui de Cluny. Nous lisons dans le *Catalogue des Dames de Marcigny :* « *Raingarde de Semur, veuve de Maurice de Montboissier, morte en 1134. Elle était mère de Pierre-le-Vénérable, abbé de Cluny, et cellerière de Marcigny.* »

(2) *Bibl. Clun.,* col. 1709, 1710. — Courtépée, *Hist. de Bourg.,* 1.re édit., t. IV, p. 279.

Marcigny, comme Fontevrault, mais avec une hiérarchie et une discipline différente, avait un double
monastère. Non loin des Bénédictines était la maison
des Bénédictins, moins nombreux et préposés à l'administration temporelle et au service spirituel de la
communauté des dames [1]: C'étaient toujours des hommes
de mérite qui étaient chargés de ce double soin. Qu'il
nous suffise de nommer ici parmi les prieurs du choix
de Saint Hugues, le comte Geoffroy II de Semur, devenu
moine et prêtre; Rainaud de Semur, neveu de Saint
Hugues, qui devint abbé de Vézelay, puis archevêque
de Lyon et légat du St.-Siége; Hugues de Semur, autre
neveu de Saint Hugues, qui sera élevé à son tour sur le
siége abbatial, où il ne fera malheureusement que passer;
enfin, le pieux et savant Udalric, auteur des *Anciennes
Coutumes du monastère de Cluny*, que nous avons déjà
si souvent citées [2].

Saint Hugues mourant laissait, comme son testament
spirituel, une chaleureuse et pathétique recommandation
aux abbés de Cluny, ses successeurs, en faveur de
Marcigny. Rien d'affectueux et de pieux à la fois comme
cette solennelle et suprême allocution [3].

Sa voix fut entendue. Les relations furent intimes
comme des relations de famille; et, après la mort de

(1) *Bibl. Clun.*, col. 1751. « In prioratu Marciniaci, 12 Monachi, et
» Moniales 99. » Le nombre des moines s'est élevé jusqu'à 30. Nous possédons manuscrit le double catalogue des RR. PP. Prieurs et des dames Prieures.
De Durand, en 1063, à D. Potignon, qui a survécu à la révolution, on compte
64 prieurs. (Mss. M.)
(2) *Ann. Bened.*, t. IV, p. 612, versùs finem.
(3) *Bibl. Clun.*, col. 496, E; 497, A.

Pontius de Melgueil, les religieux du grand monastère bourguignon jetèrent les yeux, ainsi que nous venons de le dire, sur l'humble prieur de Marcigny, et élurent pour abbé général Hugues II de Semur [1].

Que dirons-nous de Pierre-le-Vénérable, petit neveu lui-même de Saint Hugues, par sa mère?

Tantôt c'est de Marcigny qu'il écrit à Henri, évêque de Winchester et petit-fils de Guillaume-le-Conquérant, pour lui vanter la religion et les vertus de ce sanctuaire où vivait Adèle de Blois, mère de Henri [2].

Tantôt, sans y songer, au milieu des tendres effusions de son amitié envers le même prélat, il nous révèle que la grande ligne de communication du Nord avec le Midi, traversait notre Brionnais. C'est de Cluny qu'il lui écrit cette fois, et il se plaint amicalement de la rareté des courriers venant d'Angleterre. *Ils ont coutume, dit-il, de venir à Marcigny, d'aller à Lyon, de pénétrer ainsi dans la Provence, évitant Cluny, comme s'ils y entendaient les sinistres aboiements de Charybde et de Scylla.* « *Solent enim Marciniacum venire, Lugdunum adire, Provinciam penetrare,* » etc. Mais laissons ces souvenirs matériels, tout palpitants qu'ils sont d'intérêt [3].

Ici, c'est à l'infortunée victime de l'égoïsme d'Abeilard que Pierre-le-Vénérable aime à vanter les charmes et l'édification du monastère brionnais. Il regrette qu'au lieu du Paraclet, Héloïse n'ait pas choisi pour sa retraite

---

(1) *Bibl. Clun.*, col. 583. Mais D. Marrier se tait sur la famille de Hugues II. Les manuscrits de Marcigny et le *Necrolog. Clun. historicum...* manuscrit de Cluny (p. 50) sont explicites sur ce fait, qui n'est pas contestable.

(2) *Bibl. Clun.*, col. 635 et 636, — surtout 825.

(3) *Bibl. Clun.*, col. 754, A.

le monastère de Marcigny, dont il fait le plus magnifique éloge[1].

Ailleurs, il nous montre cette ferveur en action, et se plaît à raconter les victoires de l'obéissance, qui arrête subitement l'activité des flammes prêtes à dévorer le monastère, et les maisons couvertes de chaume qui commençaient à se grouper autour[2].

Un jour il nous fait voir, comme dans un miroir fidèle, la foi et les vertus de ces saintes pénitentes, en laissant son cœur nous retracer longuement les touchantes vertus de leur vénérable cellerière, de sa mère Raingarde que Dieu vient d'appeler à lui[3].

Une autre fois, c'est à ses nièces Pontia et Marguerite de Montboissier qu'il s'adresse. Il les exhorte à persévérer, à s'animer par la pensée du ciel. Cette pensée le ramène à sa pieuse mère qui n'est plus de ce monde. C'est elle qui avait veillé sur leur enfance. Elle était morte contente puisqu'elle avait joui de l'unique objet de ses désirs sur la terre, du bonheur de leur donner le voile à Marcigny, de les consacrer au Seigneur avant de quitter cet exil[4]!

C'est toujours, et sous toutes les formes, l'éloge de Marcigny, en apparence, prison; en réalité, vrai paradis sur la terre[5].

Aussi avait-il mérité de fixer l'attention des souverains pontifes, d'Urbain II surtout et de Calixte II, qui lui accordèrent de grands priviléges, et plus d'une fois

(1) *Bibl. Clun.*, col. 852.
(2) *Bibl. Clun.*, col. 1280, 1281, 1282.
(3) *Bibl. Clun.*, col. 735 et suivantes (dix-sept colonnes in-folio).
(4) *Bibl. Clun.*, col. 944, C, D.
(5) *Bibl. Clun.*, col. 852, C. « Jocundus Marcinii carcer... »

daignèrent faire entendre, en sa faveur, leur parole apostolique[1].

Tel fut, jusque dans les derniers temps, l'éclat du monastère de Marcigny, que, par une faveur exceptionnelle[2], les immortels auteurs du *Gallia Christiana* s'apprêtaient à en rédiger l'intéressante histoire, quand l'orage éclata, quand le souffle de la tempête vint disperser à jamais les titres, les feuilles éparses qui recelaient le dernier mot de nos pères et méritaient, comme les institutions elles-mêmes, un meilleur sort !

Mais il est temps de mettre fin à cette première partie de notre travail. Nous ne sommes point sortis jusqu'ici des idées et des habitudes intérieures et spirituelles du cloître ramené à sa dignité et à sa ferveur primitives ; désormais à l'abri des atteintes du siècle, et, sous l'aile maternelle de l'Eglise, se reposant dans sa force, la Congrégation de Cluny touchera avec bonheur à l'arbre de la science, et pourra, sans péril et sans témérité, se mettre à la tête du mouvement qui doit régénérer la société.

---

[1] *Bullarium sacri Ordinis Cluniacensis*, p. 22 et 41.
[2] *Gallia Christ.*, t. IV, p. 486 et 487. Marcigny, n'étant que *prieuré*, n'entrait pas dans le plan de cet ouvrage.

DEUXIÈME PARTIE.

INFLUENCE DE CLUNY SUR LE MOUVEMENT INTELLECTUEL
DU XI.e SIÈCLE.

CHAPITRE I.er

NOTION GÉNÉRALE SUR LES ÉTUDES A CLUNY.

I.

Si l'homme ne vit pas seulement de pain, le moine ne vit pas seulement de prière. La prière est l'aliment du cœur ; l'esprit a ses besoins particuliers. L'étude et la prière sont aussi inséparables dans la vie du religieux, que la faculté d'aimer et la faculté de connaître dans l'âme de l'homme. La prière élève l'âme vers les hauteurs célestes ; l'étude la soutient et la repose. Ce sont les deux ailes que Dieu a données à notre humanité déchue pour remonter vers les splendeurs des cieux.

Ainsi l'avaient compris, dès le commencement, les chefs de la Congrégation de Cluny. Sans doute, ils avaient encore ajouté aux heures que Saint Benoît consacrait à la prière ; ils avaient multiplié outre mesure, à notre point de vue moderne, le chant des psaumes

et la lecture des récits et des enseignements bibliques.
Mais n'était-ce pas, là même, la source la plus pure et
la plus féconde du beau et du vrai, des grandes pensées
et des grandes vertus? Du reste, on rachètera ce temps,
si nous osons ainsi parler. Et c'est ici encore un des
points sur lesquels la réforme de Cluny s'éloigne de la
règle de Saint Benoît, et aussi de la pratique qui sera,
plus tard, adoptée dans l'ordre austère de Cîteaux.
Cluny est à Cîteaux ce que Mabillon est à Rancé. L'un
veut faire prédominer le travail des mains ; l'autre, la
culture de l'intelligence. Cluny courait au plus pressé.
Une nuit profonde se faisait sur le monde ; les notions
du bien et du mal semblaient confondues ; le vice était
le fruit de l'ignorance la plus grossière et la plus générale qui fut jamais ; les intérêts matériels, la vie des
sens absorbaient tous les cœurs. C'est le champ de la
pensée qu'il faut cultiver désormais.

Tout le temps qui n'était pas donné à l'office divin
était consacré à l'étude. Le travail des mains était
insignifiant à Cluny. Il paraîtrait même ridicule, si le
réformateur s'était proposé autre chose que d'exercer
les Frères à l'humilité chrétienne, que de leur rappeler
la sentence divine : *Tu mangeras ton pain à la sueur de
ton front; parce que tu es poussière et que tu retourneras
en poussière.* Ce travail se réduisait à écosser des fèves,
à arracher les herbes mauvaises ou inutiles et à pétrir
le pain[1]. On y allait en psalmodiant. A un signal donné,
on venait se grouper autour de l'abbé pour entendre

[1] *Antiq. Consuet. Mon. Clun.*, lib. I, c. xxx.

une courte lecture, ordinairement dans la Vie des Pères du désert. L'abbé glosait sur ce qui avait été lu, puis l'on regagnait le cloitre, toujours avec le chant ou la récitation des psaumes.

II.

Nous avons nommé le cloitre!... Le cloitre était le lieu spécialement consacré à la lecture et à l'étude. Aussi, malgré la régularité et la tranquillité qui y régnaient, ne laissait-il pas d'offrir une scène animée. Qu'on ne se figure pas néanmoins cette animation mondaine et mercantile qui hurle aujourd'hui, ou qui jure sous les beaux arceaux de Cluny désolé. Des fenêtres en fermaient l'accès aux vents et à la pluie. La vue, bornée de toutes parts par les murs de l'église, du dortoir, du réfectoire et du Chapitre, ne rencontrait aucun élément de distraction. Au milieu, le puits symbolique de la Samaritaine élevait les pensées vers cette eau mystérieuse que le Verbe de la vie est venu apporter à la terre. L'œil, en quittant le livre, n'avait d'issue ou d'échappée que vers les cieux. « C'était anciennement le vrai paradis du moine, et il donnait son nom à tout le reste du couvent ; il séparait les religieux du monde *par le rempart de la discipline*, et était une image de la paix du ciel. C'était autour de ses arceaux que les moines, au jour des Rameaux, par exemple, marchaient en procession, des palmes vertes à la main. »

« Après l'office ou le travail, les Frères se réunissaient dans le cloitre. Ici était le chantre marquant les leçons et écoutant quelque Frère qui les répétait en modérant sa voix ; là, un novice s'exerçant à réciter le Psautier de mémoire ; plus loin, les Frères, assis en ordre sur les bancs, lisaient dans un profond silence, ayant leur capuchon disposé de manière qu'on pût s'apercevoir qu'ils ne dormaient pas. » Ce fut là que Saint Odilon et Saint Hugues, Grégoire VII et Guillaume de Saint-Bénigne acquirent cette connaissance profonde du cœur humain, cette éloquence persuasive, cette science universelle pour cette époque, et à laquelle ils dûrent la gloire de servir aux autres de lumière et de guide. Dans un coin, les enfants du monastère apprenaient leurs leçons sous la direction de deux maîtres au moins, dont l'un était appelé *Magister principalis*, et les autres simplement *Magistri*. En dehors de la grande bibliothèque *(armarium)*, et du *scriptorium*, lieu consacré aux travaux des copistes, on conservait dans le cloître un meuble *(armariolum)* [1], où les Frères serraient proprement et allaient reprendre leurs livres de lecture, et les enfants leurs écritures ou les notes qu'ils recueillaient aux leçons du maître.

III.

Ulric consacre deux chapitres entiers de ses *Coutumes* aux soins que les maîtres prenaient à Cluny des enfants et jeunes gens qui leur étaient confiés [2].

---

(1) *Antiq. Cons. Mon. Clun.*, l. III, c. IX.
(2) Ce sont les chapitres VIII et IX du III.e livre.

« La règle de Saint-Benoît[1] permettait aux parents
d'offrir leurs enfants, avant leur quatorzième année, à
l'autel du Seigneur pour le servir dans le cloître jusqu'à
la fin de leurs jours.... La discipline monastique ne
paraissait point alors aussi terrible qu'on voudrait
maintenant se la représenter ; et le monde, d'autre part,
ne s'offrait pas sous un aspect si attrayant, que ce fût
un acte de folie de le quitter pour le service de Dieu.
Bien plus, on regardait comme heureux ceux à qui
Dieu avait fait la grâce de les appeler à la vie monastique, et on ne doutait pas qu'ils ne fussent appelés
par lui à l'heureux isolement du cloître, ceux qui y
étaient placés par la volonté de leurs parents ; de même
que nous voyons aujourd'hui le désir d'un père ou d'une
mère décider de la profession et de l'état de vie de leur
enfant. D'ailleurs, les vœux monastiques ne sont, en un
sens, que le complément de ceux du baptême ; et il
ne paraissait pas contraire à la nature que ceux qui,
avaient établi entre leur enfant et le monde invisible
les rapports terribles du baptême, le missent dans la
voie de remplir plus sûrement les vœux par lesquels ils
l'avaient lié dans son enfance. »

Ces paroles de M. Dalgairns, si sages en elles-mêmes,
acquièrent encore une nouvelle autorité de cette circonstance que leur auteur appartenait au ministère de
l'église anglicane et à l'université d'Oxford, lorsqu'il les
écrivait naguère.

Il y avait, dans cet usage, des inconvénients et des

(1) *Regula S. Bened.* ; ch. LIX.

périls immenses. Cluny ne les ignorait point ; et Udalric félicite Guillaume d'Hirsauge de l'avoir supprimé : « Que » les séculiers, s'écrie-t-il, aillent donc désormais » chercher ailleurs que chez vous des nids pour leurs » petits, leurs avortons, leurs déshérités. » Il appelle ainsi, comme il a le soin de le dire lui-même, les bossus ou difformes, et tous ces êtres sots, ineptes, bons à rien, dont les familles cherchaient dès-lors à se débarrasser aux dépens des monastères[1]. Saint Pierre Damien se plaignait aussi que l'admission des enfants avait souvent été funeste à la sainteté monastique[2]. On conçoit que le péril était moins grand dans un monastère comme Cluny, assez fort pour tenir tête aux puissants du siècle, et gouverné comme il l'était par des hommes incapables de céder à une considération humaine et de se prêter aux tristes calculs de la cupidité. Et pourtant, au XII.e siècle, Pierre-le-Vénérable supprimera cet usage à Cluny même, en attendant que le Concile général de Trente vienne l'interdire dans tout le monde catholique. Mais tous les élèves de Cluny ne lui étaient pas donnés au même titre. Son école était aussi ouverte aux jeunes séculiers, qui rentraient ensuite dans leurs familles, tels que le neveu de Pierre Damien *(ci-après, n.o XXIII)* et le petit-fils de Guillaume-le-Conquérant, Henri, évêque de Winchester[3].

Quoi qu'il en soit, il est impossible de se figurer rien

---

(1) Voir ce passage cité et commenté par D. Mabillon, dans le vol. intitulé : *R. P. D. Johannis Mabilonii* Præfationes Actis Sanctorum Ord. S. Ben.; Rhotomagi 1732, in-4.o, p. 119, n.o 41.

(2) « Puerorum scholas rigorem sanctitatis sæpè enervasse.... »

(3) *Bibl. Clun.*, col. 1651.

de plus touchant et de plus attentif que la discipline à
laquelle ces enfants étaient soumis dès leurs plus tendres
années, comme aux jours orageux de la jeunesse. Ils
avaient même costume et dortoir commun. Au réfectoire
ils mangeaient debout[1], pour apprendre le respect et
pratiquer la mortification. Jour et nuit ils étaient sous les
yeux attentifs de leurs surveillants ou préfets de discipline,
appelés *Magistri* comme nous l'avons déjà dit. Udalric entre
dans les détails les plus minutieux, pensant, avec raison,
qu'il n'y a rien de petit quand il s'agit d'un dépôt aussi
précieux que l'enfance. Le *Magister* principal avait seul
le droit de leur infliger des corrections corporelles quand
ils causaient ou lisaient mal. Et encore le législateur
prend-il garde de s'expliquer si bien sur la nature et
le mode des punitions, qu'elles ne puissent jamais être
préjudiciables à la santé des enfants ou à leur moralité.
On prenait les plus grandes précautions pour éloigner
d'eux la vue et jusqu'à la connaissance du mal. Enfin,
disent à l'envi Bernard et Udalric son abréviateur : « Le
» plus grand prince n'est pas élevé avec plus de soins
» dans le palais des rois, que ne l'était le plus petit des
» enfants à Cluny[2]. » Et encore, ces soins prodigués
avec une égale affection à l'enfant du pauvre et à l'enfant
du riche, à l'enfant du monastère et à l'enfant du
siècle, étaient gratuits aussi bien que la nourriture et
l'enseignement[3].

---

(1) Pierre-le-Vénérable, supprimant cet usage au XII.e siècle, constate
par là même qu'il existait au XI.e (*Bibl. Clun.*, col. 1369, B.)
(2) *Udalrici Antiq. Consuet. Mon. Clun.*, lib. II, c. VIII, finis. — *Bernardi
Consuet. Cœnobii Clun.*, p. I., cap. 27.
(3) *France littér.*, t. VII, p. 33, n. XLI.

IV.

Udalric s'arrête malheureusement sur le seuil de l'école, qu'il nomme plusieurs fois. Il ne nous introduit point dans ce sanctuaire si fécond d'où sont sortis tant de grands hommes. Il ne nous fait point assister aux leçons de ces maîtres habiles *(Scholastici)*, dont les uns s'étaient formés dans le monastère et en continuaient les traditions, et dont les autres, tels que Gérard, écolâtre de Ratisbonne, Alger, écolâtre de Liége, accourus des meilleures écoles de l'Europe, sur la juste réputation de Cluny, étaient venus lui faire hommage de leurs talents et de leur expérience.

Après les doctes leçons des maîtres, nous eussions aimé à voir et à entendre les plus habiles d'entre les Frères, obéissant à l'ordre des supérieurs, se livrer, en présence de toute la communauté, sur des questions de doctrines, à des duels plus pacifiques et plus utiles que ceux de la chevalerie. Au lieu de ces étincelles nées du fer, qui éblouissent et s'éteignent à l'instant, les yeux de l'âme étaient éclairés d'une lumière salutaire et toujours croissante, que faisait naître et alimentait le choc d'un ingénieux langage [1].

Et lorsque l'abbé ou le grand-prieur, pour encourager les jeunes élèves, venait lui-même constater leurs progrès

---

[1] Fuldens, *Antiq.*, lib. IV, auctore R. P. Christophoro Browero, Antwerpiæ, 1612. « Disputandi quoque mutuoque congressu ceu cote exa-» cuendi ingenii laudem non præteriisse ejusdem ætatis cœnobitas. » Saint Bernard, dans son *Apologia ad Guillelmum*, parlant des Clunistes, dit : « Ipsorum interfui collationibus. » (Ś. Bern. opera, Parisiis, Gauthier, 1836, in-8.º, t. I, p. 447, 1.re col.)

et leur application, nous eussions suivi avec le plus vif intérêt les réponses de cette jeunesse studieuse dont l'intelligence, à l'abri des funestes passions, croissait à l'aise et s'enrichissait chaque jour par le travail. Sans doute il en avait été le témoin, il en avait été ravi plus d'une fois, dans les voyages répétés qu'il fit à Cluny, cet illustre et juste appréciateur des choses, Pierre Damien, qui, du cœur de l'Italie, envoyait son neveu bien-aimé jusqu'à Cluny, et priait Saint Hugues de l'initier aux études les plus complètes et les plus brillantes de l'époque [1].

Ainsi voyait-on accourir à Cluny, de tous les Etats de l'Europe, non-seulement les jeunes gens désireux de fortes et brillantes études dans les sciences divines et humaines, mais encore les maîtres les plus célèbres qui se sentaient attirés vers le foyer de lumière le plus éclatant qui fût alors au monde, comme aujourd'hui vers la capitale de l'intelligence.

On en voyait sortir, non-seulement de parfaits religieux qui s'en allaient propager partout le règne des vertus claustrales, mais des pontifes sans nombre que le XI.e siècle a vu briller à la tête des plus célèbres églises; les chefs des nations les plus éclairées, comme un Casimir de Pologne; des cardinaux, des papes tels que Grégoire VII, Urbain II, Paschal II et Calixte II. Enfin,

---

(1) Petri Dam. Epist. ad Hugonem abb. Clun., in *Bibl. Clun.*, col. 479 : « Rogo præterea sanctitatis vestræ clementiam super adolescentulo isto, » uterinæ videlicet sororis meæ filio, ut illi magistrum simul et victum » paternâ pietate provideat; et rudem imperitumque suscipias, ac velut Jacob » baculo simpliciter innitentem ad propria postmodum cum geminâ trivii vel » quadrivii uxore remittat. »

pour nous servir des expressions de Brower et appliquer à Cluny ce qu'il dit de Fulde, Cluny était comme l'atelier des beaux arts, le réservoir des bonnes doctrines [1].

Et encore, le monastère chef-d'ordre n'était pas l'unique école des Clunistes. Nous avons déjà dit que l'étude était à leurs yeux, avec la prière, le double élément de la réforme monastique. Aussi, partout où l'autorité de l'abbé de Cluny était invoquée, dans les monastères qui se donnaient tout-à-fait à lui, comme dans ceux qui ne lui demandaient que la réforme, il s'appliquait à mettre l'une et l'autre en honneur. Les écoles célèbres d'Hirsauge, de Corbie, de Fleury, etc., lui sont redevables d'avoir conservé en ce siècle l'éclat de leur vieille renommée. Saint-Bénigne de Dijon doit toute la sienne à Saint Mayeul qui voulut bien lui céder un autre lui-même dans le célèbre et vertueux Guillaume de Saint-Bénigne [2]. Ce docte et pieux personnage, à lui seul, avait fondé des écoles où l'on enseignait jusqu'à la médecine, dans plus de quarante monastères [3]. Jusque sous les plus humbles cloîtres, Cluny se plaisait à réunir la jeunesse studieuse. Nous voyons, vers l'an 1037, Saint Hugues, âgé d'environ 12 ans, fréquenter assidûment les classes de Saint-Marcel, près Chalon-sur-Saône. C'est là qu'il commença les études de grammaire, auxquelles il se livrait avec une ardeur angélique parce qu'il les regardait comme une introduction à

---

(1) « Tamquàm ex omnium honestarum artium et disciplinarum officinâ » prodirent. » Browerii Fuldensium Antiquit., p. 36.

(2) *Ann. Bened.*, t. IV, p. 62.

(3) *France litt.*, t. VII, p. 33, n.º XLI.

l'intelligence des divines Ecritures[1]. Il y a, dans le texte de Hildebert, *Chalon* au lieu de *Saint-Marcel*. Mais par *Cabilonum*, il faut entendre Saint-Marcel qui était tout Chalon pour les Clunistes. Pierre-le-Vénérable, parlant d'Abeilard, dit de même : *Cabilonem à me missus est*. Ce sont les mêmes paroles, et ici, c'est visiblement pour désigner le monastère de Saint-Marcel, où chacun sait qu'Abeilard passa les dernières années de sa vie et mourut. Aussi, André du Chêne [2], n'hésite-t-il pas à ajouter au mot *Cabilonem* cette glose : *monasterium videlicet Sancti Marcelli ;* et il cite la chronique des archevêques de Sens, dont voici les expressions : « *Non multo post* (Petrus Abailardus), *Cabiloni ad Sanctum Marcellum obiit*, anno scilicet 1140. » Dom Rivet [3] nous semble donc errer lorsqu'il pense démontrer l'existence de l'*école cathédrale de Chalon* en disant que Saint Hugues y étudia la grammaire et les autres arts libéraux.

Mais sortons des notions générales et venons à l'objet des études à Cluny.

(1) *Bibl. Clun.*, col. 415, C.
(2) *Notæ ad Bibl. Clun.*, p. 83, 84.
(3) *France litt.*, t. VII, n.° XLVI.

CHAPITRE II.

OBJET DES ÉTUDES MONASTIQUES.

I.

Fleury, dans son cinquième discours sur l'histoire ecclésiastique, exhale outre mesure sa mauvaise humeur contre tout ce qui tient au moyen-âge, et l'attaque dans son état intellectuel avec une persistance qui ne fait honneur ni à sa logique, ni à sa vertu. Il juge le passé avec les idées et avec les préventions de son temps. *Aucuns monuments* de cet âge *ne lui paraissent estimables*[1]. C'est le temps où *Joinville et Ville-Hardouin* composaient ces histoires *qui nous paraissent*, dit-il, *si grossières…!* C'est le temps de *ces bâtiments gothiques si chargés de petits ornements et si peu agréables en effet, qu'aucun architecte ne voudrait les imiter aujourd'hui.*

C'est avec les mêmes yeux et du même point de vue, mais avec beaucoup moins de ménagements, qu'il juge les études et les ouvrages de l'esprit. Il n'y entrevoit rien

[1] Discours sur l'hist. Ecclés., par M. Fleury ; Paris 1747, in-12, p. 223.

de bon, absolument rien de supportable, et il s'indigne contre les hommes. S'il est obligé, par hasard, d'avouer que *Gunther et Guillaume-le-Breton*, dans leurs poésies latines, *s'élèvent un peu au-dessus des autres*, c'est pour leur ravir aussitôt ce faible mérite en ajoutant : *mais ce n'est guère que par des phrases empruntées toutes des anciens ;* comme si on avait prétendu rabaisser le mérite de Vida, l'un des grands poètes latins modernes, lorsqu'on a dit de lui qu'*il pensait avec les expressions de Virgile !*

Nous sommes loin, sans doute, de songer à exalter bien haut l'état des sciences et des lettres au XIe siècle. Mais nous voulons tenir compte à nos pères du malheur des temps et de cet état digne d'intérêt où le XIe siècle trouva l'esprit humain. Au moyen-âge, la vieillesse et l'enfance du monde se touchent ; l'ancien monde est décrépit, le monde moderne est enfant : mais le monde n'est pas mort ; c'est le phénix sur son bûcher. Telle est l'histoire du moyen-âge. Nous demandons pour lui quelque chose de ces attentions délicates que le poète réclame pour l'enfance ; quelque chose de cette véné-ration dont le beau siècle d'Auguste entourait encore le vieil Ennius.

Les lettres humaines n'avaient, au XIe siècle, d'autre asile que les monastères, d'autres initiateurs que les moines. La principale science des moines étant la science des Saints, nous devons leur savoir gré de n'avoir pas, dans leur fervent enthousiasme, dédaigné tout-à-fait ce qu'il y a de plus profane en apparence dans le domaine des intelligences, comme la philosophie, les mathématiques et la médecine. A Cluny ces sciences étaient en honneur, parce qu'on leur reconnaissait une utilité réelle, et qu'on entrevoyait les services qu'elles pouvaient rendre. La philosophie et les mathématiques contribuaient à former et à rectifier le jugement ; la médecine, à former et à améliorer l'homme extérieur. Un moine médecin était attaché à la personne de Saint Hugues [1] : Et Guillaume de Saint-Bénigne, fidèle aux traditions de Cluny qu'il aimait à faire revivre partout, propageait l'étude de la médecine dans tous les monastères qu'il réformait [2].

Toute la philosophie de ces temps-là se réduisait ordinairement à la dialectique ou logique qui n'en est qu'une partie. On commença cependant, dès la première moitié du XI.e siècle, à étudier dans l'école la morale et la physique, et à en donner des leçons publiques ; mais elles furent long-temps bien imparfaites.

II.

Dans nos écoles, dit Mabillon [3], on enseignait toutes les sciences ; mais aucune n'était en honneur comme l'étude de l'*Ecriture Sainte et des Pères*, en quoi consistait alors toute l'étude de la théologie. C'est à l'Ecriture Sainte qu'on rapportait tout le reste, grammaire, belles-lettres, beaux-arts. C'est à peine si les guerres les plus cruelles, les agitations les plus effroyables

[1] *Ann. Ben.*, t. V, p. 365, B.
[2] *France littér.*, t. VII, p. 33.
[3] *Præfat. Actis SS. Ordin. S. Bened.*, p. 119.

suspendaient cette étude sacrée. Aussi, disent les auteurs de la *France littéraire* [1], était-elle poussée aussi loin qu'aux siècles précédents. On apportait un soin extrême à copier les auteurs sacrés et les Pères. On collationnait [2] les divers manuscrits que l'on pouvait se procurer. Qu'on ouvre les vieux livres, qu'on lise les vies et les correspondances volumineuses de Pierre-le-Vénérable, par exemple, de Pierre Damien ou de Grégoire VII, et l'on verra si à aucune époque il a été fait un usage plus fréquent et plus heureux des divines Ecritures.

Indépendamment de l'étude particulière de l'Ecriture et de l'exposition qui en était faite régulièrement par les docteurs, on profitait de toutes les occasions, de tous les moyens de s'instruire et de s'édifier. L'abbé élevait fréquemment la voix au milieu des Frères, pour leur commenter l'Evangile, ou quelque autre livre de l'Ecriture. Lorsque la bonne fortune de Cluny lui amenait quelques-uns de ces illustres personnages de l'époque, tels que St. Anselme de Cantorbéry, ou le légat Hugues, archevêque de Lyon, ces doctes et saints personnages étaient priés d'exposer la parole sainte dans l'assemblée des Frères, et de résoudre les difficultés qui auraient pu embarrasser leurs esprits [3].

---

(1) *France littér.*, t. VIII, p. 136.

(2) *Bibl. Clun.*, col. 1645, D : « Prædictus etiam frater (Albertus), adjuncto » sibi quodam religioso fratre, Opizone nomine, librum hunc auctoritate » aliorum librorum cum magnâ diligentiâ emendaturum bis ex integro » perlegit, bisque correxit. » C'est de la belle Bible de Cluny qu'il s'agit ici. Voir ci-après XXVIII, vers la fin.

(3) St. Anselme, pendant son séjour à Cluny, fut souvent invité à édifier et à instruire les âmes. Voir *D. Anselmi opera, accurante Raynaud ad calcem.*

A côté de l'*Histoire Sacrée*, Cluny aimait à étudier l'*Histoire de la Patrie*, et lui préparait les documents les plus précieux qui nous restent sur cette époque. Nous ne faisons pas seulement allusion au recueil intéressant de D. Marrier, sous le titre de *Bibliotheca Cluniacensis*. Mais Raoul Glaber, lui-même, n'entreprit son histoire que sur les conseils de Guillaume de St.-Bénigne, ne la reprit et ne l'acheva [1] à Cluny que sur les instances de St. Odilon. Si son mérite, comme historien, ne le met pas au niveau des Plutarque ou des Tite-Live, toujours est-il qu'il a mérité les éloges de Baronius et du cardinal Bona, qui l'appelle l'historien le plus exact de son temps [2].

Mabillon fait aussi l'éloge du zèle avec lequel les grandes écoles monastiques, parmi lesquelles il cite Cluny [3], se livraient à l'étude de l'histoire civile; transcrivaient, dit-il, pour la postérité, les monuments historiques des anciens, et rédigeaient les chroniques contemporaines. Puis il ajoute qu'on venait leur demander non-seulement des évêques, mais aussi des professeurs pour les écoles cathédrales. Ne serait-ce pas dans cette pensée que l'on voyait des évêques

—Saint-Bernard (t. I, p. 447, col. 1.ʳᵉ) dit, de son côté : « Ipsorum (Cluniacensium)... interfui collationibus; sæpè et de Scripturis, et de salute animarum habui sermonem cum multis, et publicè in capitulis, et privatim in cameris. »

(1) *France litt.*, t. VII, p. 399.
(2) Historiarum sui temporis accuratissimus scriptor.
(3) *Præfat. actis Sanctor.*, p. 121. « Magnam diligentiam adhibuere majores nostri in studia historiæ sacræ et civilis, transmittendo ad posteros tùm monumenta antiquorum, tùm memoriam rerum suo tempore gestarum.... In quibus præcipuè monasteriis...... Cluniacensis (abbatia)..... Indè educti episcopi..... Præceptores ecclesiarum cathedralium academiarumque..... »

donner à Cluny une ou deux prébendes de leurs Chapitres, tels que Arald, évêque de Chartres[1], et Isem-
bard, évêque d'Orléans?

III.

Après les sciences, les lettres qui leur servent d'in-
terprètes et d'ornement. Les lettres étaient comprises
sous le nom modeste de grammaire. La grammaire
embrassait l'étude des langues, les éléments des belles-
lettres et la lecture des bons auteurs de l'antiquité.

La langue romane, que nous pouvons considérer[2]
comme l'embryon de notre langue française, avait
commencé à se produire dès la fin du X.ᵉ siècle.
Néanmoins on ne soupçonnait point son avenir et ses
glorieuses destinées. Qui eût dit, au XI.ᵉ siècle, que ce
langage sans forme et sans règle grandirait et serait
appelé à dominer comme le soleil et à éclairer toute la
civilisation européenne?

Nous ne voyons nulle part que l'étude des langues
grecque, hébraïque et arabe, ait fait partie de l'enseignement public et commun à Cluny. Nous soup-
çonnons qu'on y appliquait les intelligences d'élite, les
mémoires les plus plus heureuses. Nous voyons des
moines de Cluny, tels qu'Anastase[3], envoyés chez les
Sarrasins prêcher l'Evangile. Ils devaient être initiés à
la langue des infidèles. On gardait aussi à Citeaux une

(1) *Annal. Bened.*, t. IV, p. 593. — *Spicilegium*, t. III., ad annum 1074.
(2) *Fr. litt.*, t. VII, p. 107.
(3) *Ann. Bened.*, t. IV, p. 123.

traduction de l'Alcoran faite par ordre de Pierre-le-Vénérable, qui en avait fait présent aux disciples de St. Etienne Harding [1].

La langue latine était donc demeurée la langue savante et généralement cultivée, d'autant mieux que, seule alors, elle était universellement employée dans les actes publics, et qu'elle était la langue de l'Eglise romaine. Cluny, on le conçoit dès-lors, se livrait à cette étude et la propageait avec une filiale affection ; et ses progrès, en ce siècle, sont faciles à constater. La première moitié en est bien inférieure à la deuxième. De la latinité de St. Odon à celle de Grégoire VII, d'Urbain II, du B. Raynaud ou de Pierre-le-Vénérable, la distance est considérable, et nous fait concevoir une haute idée de l'influence littéraire de Cluny à cette époque, dans la poésie comme dans la prose. Raynaud, surtout, dans sa double histoire de St. Hugues, laisse apparaître un vrai génie ; il pense avec une verve, il s'exprime avec une élégance et une facilité, un ton de dignité et de convenance qui font juger de quoi il eût été capable, placé à une époque plus favorable.

Dom Rivet [2] constate comme nous que la langue latine, *sur la fin du XI.ᵉ siècle, acquit parmi nos Français quelque degré de perfection ;* et il croit en devoir rapporter l'honneur à la seule école du Bec. Nous osons penser que, s'il se fût mieux rendu compte de ses impressions à la lecture de Pierre-le-Vénérable ou de Raynaud, s'il eût moins perdu de vue les écrivains clunistes, formés,

(1) *Bibl. Clun.*, col. 1109.
(2) *France litt.*, t. VII, p. 106.

comme ceux-là, à la fin du XI.ᵉ siècle, son jugement
eût été moins exclusif ; il aurait admis l'école de Cluny
à partager l'honneur qu'il adjuge à l'école du Bec, et
que nous sommes loin de lui contester autrement.

IV.

On a trop exagéré, peut-être, le mépris et l'ignorance
de l'antiquité chez les hommes d'étude du moyen-âge.
Sans doute, dans leur foi vigoureuse, ils étaient loin de
les goûter comme ils faisaient les Ecritures et les Pères.
Aussi bien, en faisant abstraction de la forme, il y aura
toujours une distance infinie de la fable à la vérité.
Mais nos moines intelligents savaient rendre à Virgile
ce qui est à Virgile. Ils transcrivaient les auteurs anciens
dont nous leur devons la conservation. Ils savaient si
bien en admirer les beautés littéraires, qu'il fallait que
les supérieurs prissent soin, dans leurs exhortations,
de les tenir en garde contre le charme humain qu'ils
recèlent. Et encore quelquefois la tentation l'emportait [1].
Une nuit, étant en cours de visite, St. Hugues, fatigué
d'une journée pénible, se disposait à prendre un peu de
sommeil ; mais il ne pouvait s'endormir. Il lui semblait
avoir sous la tête une multitude de hideux reptiles dont
la vue lui causait une agitation fébrile. Il soulève le tra-
versin et trouve un Virgile. Il le rejette loin de lui avec
une sainte indignation et dort paisiblement... On raconte
de St. Odilon un trait presque semblable. Nous croyons
que si la légende fait intervenir le démon dans ces deux

[1] *Bibl. Clun.*, col. 422, 423.

circonstances, c'est à cause de l'infraction à la règle qui
ne permettait pas de conserver et de lire de pareils auteurs au dortoir, bien plutôt qu'à cause de la lecture elle-
même de Virgile. Nous voyons, au contraire, l'ami de St.
Hugues, *Anselme* de Cantorbéry, *recommander au moine*
Maurice de s'appliquer autant qu'il le pourra à lire Virgile
et les autres auteurs de l'antiquité, à l'exception toutefois
de ceux qui sont immoraux [1]. Ce moine était sans doute
appliqué ou destiné à l'enseignement, car il est bien
vrai que, si la lecture des auteurs profanes, faite dans
les conditions indiquées par St. Anselme, faisait partie
du cours classique des jeunes gens, une fois parvenus
à la virilité et appelés à des affaires plus sérieuses, ils
auraient regardé comme indigne d'eux d'en faire leur
occupation. Aussi Lanfranc, devenu archevêque de
Cantorbéry, répondait-il ainsi à un ami qui lui pro-
posait des difficultés purement littéraires et classiques :
« Quæstiones sæcularium litterarum nobis solvendas
» misistis : sed episcopale propositum non decet ope-
» ram dare ejusmodi studiis. Olim quidem juvenilem
» ætatem in his detrivimus ; sed accedentes ad pasto-
» ralem curam abrenuntiandum iis decrevimus. » Il
n'y avait donc pas, chez les moines, système de répul-
sion, mais plutôt sacrifice de raison et de foi, dans cet
adieu fait à un certain âge aux muses païennes.

Il est aisé de reconnaître dans leurs écrits une foule
d'imitations ou d'allusions qui laissent voir qu'ils connaissaient leurs auteurs aussi bien que nous, et savaient
les apprécier sous leur bon côté. Hildebert, dans le pro-

(1) *Anselmi Epist.*, lib. I, epist. 56.

logue de la Vie de St. Hugues, fait visiblement allusion au début de l'Art poétique d'Horace, quand, énumérant ceux qui ont écrit avant lui la vie du saint abbé, il dit, modestement de lui-même : « Quos velut à longè secutus, » pro homine[1] simiam pinxisse, et finxisse pro amphorà » urceum inveniar. » Et Jotsauld, dans le chant funèbre sur la mort de St. Odilon, son maître et son ami, reproduit presque le *durum sed levius*, etc.[2], du même poète : « *Quod nequit absolvi, debet patienter haberi.* » Et quelques vers plus loin : *Musa mihi causas memora*, etc...... Les trois préfaces qu'Udalric a placées à la tête de chacun des trois livres de ses *Antiquiores Consuetud. Clun. Monast.* sentent la bonne antiquité, ont un air de dignité et de bonhomie à la fois, qui touche et intéresse vivement. On croirait entendre le sage Platon ou le bon Plutarque. Sénèque ne dédaignerait point des maximes formulées comme celle-ci de Hildebert : *Turpior jactura est* [3] *nomen amittere comparatum, quàm minimè comparâsse*, et Tacite s'en serait fait honneur. Nous trouvons dure et barbare leur latinité. Si elle n'a pas toutes les qualités de celle des anciens, elle ne laisse pas d'être agréable et claire. Je doute, avec toute notre littérature, qu'il nous fût donné aujourd'hui de faire mieux ou aussi bien, si nous avions à écrire dans la langue des anciens Romains.

(1) *Bibl. Clun.*, col. 413, B, C.
(2) *Bibl. Clun.*, col. 329, E.
(3) *Bibl. Clun.*, col. 413, 414.

V.

Si l'étude des lettres était en progrès sensibles à Cluny, à la fin du XI.ᵉ siècle, les arts y étaient déjà portés à une perfection avancée.

Quel intéressant mouvement dans le *Scriptorium* ouvert aux seuls copistes *(Amanuenses)*, ou au bibliothécaire *(Armarius)* [1] ? Voyez ces religieux devenus artistes tout à la fois par vocation divine, par obéissance et par amour! L'un prépare ou dispose ces belles feuilles de vélin dont nous admirons encore la blancheur et la netteté ; un autre y transporte, d'une main sûre et rapide, le texte qui lui est confié, réservant avec soin la place des majuscules et autres ornements. Celui-ci recueille successivement ces feuilles détachées les unes des autres, révise le travail, corrige les fautes, enlève les taches et rapproche les feuillets ; celui-là, avec toute la grâce d'une riche imagination, avec la justesse d'un coup-d'œil accoutumé à mesurer et à fixer les proportions, avec le brillant de son coloris inimitable, et

---

. (1) « Jam verò si cui prima sequenti, vel natura, vel ingenium, hæc artium ac divinarum rerum altiora fastigia negâsset, huic in secundis tertiisve consistere, et locum inibi honestum occupare, difficile non erat. Adminicula igitur sufficiebant hi primis ; alii spargendis in membraneas paginas apicum et diversi generis characterum notis ; alii nobilibus operimentis involvendo vel claudendo codices ; alii minio et rubricâ ut quodque in sententiis aut capite versuum emineret, signando et enotando, illustrabant. Nonnulli quod temerè conjectum in schedas, vel dictando elapsum, ad purum exscribendo mundabant, et ordine quæque suo venustè digerebant. Pictura quoque et multiplici colorum fuco, et imaginum exprimendarum usu, haud pauci Fuldæ excellentes monachi floruere. » — Les beaux jours de Fulde étaient passés depuis longtemps. C'est à Cluny et dans les monastères qui en dépendaient que se trouvait alors transportée toute la belle activité de l'art chrétien. (*Fuldens. Antiq.*, p. 45.)

son secret d'appliquer dans son œuvre l'or en relief, consacre des jours, des mois, des années à enrichir le volume bien-aimé, de grandes lettres, de vignettes et d'enluminures.

C'est le tour du relieur. Lui aussi aura des entrailles de père pour ce fils du couvent, pour cet enfant destiné à vivre des siècles et à voir passer bien des générations, en attendant qu'une ignare et brutale révolution vienne le jeter au feu, sans jugement et sans raison. C'est de lui qu'il recevra son brillant et solide manteau de marroquin, orné quelquefois de pierreries, et qui se ferme avec deux agrafes d'or d'un travail fini. Car, fidèles à l'esprit de leur ordre, qui était, nous l'avons dit, de consacrer les beautés de la nature et de faire servir le luxe à la gloire du Dieu des vertus et des sciences, les moines-artistes de Cluny chargeaient leurs œuvres de figures de Saints enluminées, de lettres capitales ornées d'arabesques qui rampent le long des marges, de fermoirs d'or et de couvertures enrichies de pierreries.

On ne croyait jamais prodiguer trop de richesses et déployer assez de talent quand il s'agissait, par exemple, de recueillir les paroles du Verbe de vie[1]. Pénétrés de de ce mot de St. Augustin, que le Verbe de Dieu n'est par moins adorable que le corps de Jésus-Christ, ils regardaient la Bible comme un autre tabernacle. Ils se plaisaient à en orner les copies sacrées, comme à ciseler un calice ou à enrichir un ciboire.

---

[1] Homilia XXVI, *Antè aliquot....* « Si vultis respondere, dicere debetis » quòd non minùs sit Verbum Dei quàm corpus Christi.... »

Nous ne hasardons rien quand nous attribuons ces nobles sentiments à nos religieux artistes; nous ne faisons que rendre justice à leur esprit de foi. En se livrant avec ardeur et succès à la culture des arts, ils ne travaillaient point au hasard, sans autre but que l'objet matériel, sans autre fin que les fumées de l'orgueil. Ils avaient présent à l'esprit et au cœur ce beau passage de Cassiodore, que leur main avait plus d'une fois copié : « Qu'elle est heureuse l'occupation, qu'il
» est digne d'éloges le zèle de ces hommes qui se servent
» de la main pour instruire, des doigts pour délier les
» langues, qui, sans rompre le silence, annoncent le
» salut aux mortels, et combattent avec l'encre et la
» plume les criminelles suggestions du démon ! Car,
» autant de paroles du Seigneur reproduites par le
» copiste (*Antiquarius*), autant de coups portés à Satan.
» Immobile au même lieu, par la diffusion de son œuvre,
» le copiste parcourt les diverses contrées. On lit dans
» le lieu saint le fruit de ses labeurs. Les peuples
» attentifs apprennent à corriger leurs mauvais pen-
» chants et à servir le Seigneur avec un cœur pur.
» Son action se continue loin de sa présence. On ne
» saurait dire tout le profit qu'il retire lui-même des
» enseignements des docteurs, pourvu toutefois qu'il
» soit animé toujours de bonnes intentions, et non par
» la cupidité et l'orgueil. L'homme multiplie le Verbe
» céleste; et, si nous osons faire un rapprochement,
» avec trois doigts il reproduit ce que révèle la vertu
» toute-puissante de la Ste.-Trinité. O spectacle glo-
» rieux aux regards attentifs et intelligents ! Un roseau

» court sur le vélin, et les paroles célestes y demeurent
» fixées; afin que le même instrument dont le démon
» se servit, aux jours de la Passion, pour en frapper la
» tête du Seigneur, contribuât à ruiner ses artifices.
» Ce qui ajoute encore à la gloire des copistes, c'est
» qu'ils semblent imiter en quelque sorte l'action du
» Seigneur qui, selon le témoignage figuré de l'Ecriture,
» grava sa loi par la vertu de son doigt tout-puissant[1]. »

Le *Chronicum Cluniacense*[2] nous a conservé les noms
de plusieurs religieux de Cluny qui se sont signalés dans
le genre d'ouvrage qui nous occupe. Albert, disciple
de Saint Hugues, conjointement avec le bibliothécaire
Pierre, avait copié une Bible admirable, le plus beau
livre que possédât Cluny. La couverture était ornée de
bérils, etc.... Ce travail avait été revu et collationné avec
soin et à plusieurs reprises par Frère Opizon. Ces bons
religieux, pour toute ambition, demandaient en tête
de leur œuvre un souvenir devant Dieu à ceux sous les
yeux desquels elle pourrait passer. Albert, dans cette
touchante note, nous apprend qu'il était venu de Trèves
avec son père, nommé André, recevoir conjointement
à Cluny l'habit monastique des mains de Saint Hugues.
Il demande aussi un souvenir pour son père. Car la vraie
religion, loin d'étouffer les sentiments de la nature, les
élève et les perfectionne.

Un autre disciple de Saint Hugues, Frère Durand,
s'était appliqué avec tant de zèle et de distinction à la

[1] Magni Aurelii Cassiodori Senatoris..... *Institutio divinarum lectionum*,
lib. I, cap. 30.
[2] *Bibl. Clun.*, col. 1645, C, D.

reproduction des livres d'office, que le saint abbé
voulut le récompenser d'une manière insolite. Il ordonna
donc qu'après la mort de Durand, le service qu'on avait
coutume de célébrer pour les moines défunts serait
élevé pour celui-ci à un rit d'un degré supérieur [1].
C'était bien l'encouragement le plus précieux pour ces
grandes âmes dont toute l'ambition était dans les cieux.

VI.

Saint Hugues, qui ne perdait jamais de vue la position
exceptionnelle et grandiose faite à Cluny, entreprit, à
l'âge de soixante-cinq ans, de bâtir au Seigneur un
temple digne à la fois du souverain pontificat d'où il
relevait immédiatement, et de cette catholique suprématie
qui était donnée à sa communauté sur tant de
monastères et d'églises.

La grandeur et la beauté incomparables de la basilique
de Cluny nous donnent la mesure du progrès que
l'architecture et les arts qui en dépendent ou qu'elle
suppose avaient fait parmi nos solitaires.

Après avoir salué une croix de pierre, on entrait
dans le parvis [2] situé entre deux tours carrées, l'une
au midi, où se rendait la justice, l'autre au nord, où
étaient les archives. Du parvis, on descendait dans le
vestibule de la basilique par quarante degrés, à partir
de la croix de pierre. Ce vestibule à trois nefs, et présentant
trois étages d'architecture superposés, avait

[1] *Bibl. Clun.*, col. 1645, E.
[2] *Annal. Bened.*, t. V, p. 252.

110 pieds de longueur, 81 de largeur et 118 de hauteur.
Cet édifice, élevé par l'abbé Roland, vers 1220, aurait
suffi pour donner une haute idée de l'église de Cluny ;
elle vous eût paru déjà au niveau de sa renommée.
Ainsi le monde visible fait quelquefois oublier le ciel dont
il n'est de même que le vestibule ! Franchissant la grande
porte romane, ornée de huit colonnes et enrichie de
bas-reliefs, qui s'ouvrait au fond du vestibule, vous
mettiez le pied dans la vraie basilique hugonienne,
longue de 410 pieds et large de 120. Elle formait une
croix archiépiscopale et avait cinq nefs, terminées par
une hardie et gracieuse abside, dont l'église de Paray-
le-Monial nous offre en petit la copie exacte. A Cluny,
les huit colonnes qui supportaient les murailles du
chœur et la voûte au-dessus de l'autel matutinal, étaient
de marbre précieux venu de la Grèce. Deux hommes
auraient pu en embrasser le contour ; mais leur hauteur
était colossale. Les tuiles, reposant immédiatement sur
les voûtes, ne laissaient point appréhender les effroyables
désastres de l'incendie ; et dans un laps de 700 ans, la
solidité de l'édifice ne se démentit pas un instant.
« L'édifice avait plus de 300 fenêtres. Elles étaient
» étroites[1], ce qui répandait dans la basilique une
» douce obscurité. C'est ainsi que nos pères aimaient

---

[1] « Fenestræ omnes angustæ, adeòque basilica tota subobscura ; quales
» amabant majores nostri, quòd immodicâ luce cogitationes dispergi, par-
» ciori ac veluti dubiâ colligi animos, intendique pios sensus persuasum
» haberent. » *(Mabilonius, loco citato.)* Il ne faut pas oublier que Mabillon
voit l'étroitesse des fenêtres au point de vue de son siècle, époque à laquelle
on détruisait partout les vitres peintes pour avoir plus de jour. Les fenêtres
de Cluny sont plus grandes que presque toutes celles de la même époque.
C'est même un des caractères de l'architecture clunisoise.

» leurs églises. Ils pensaient avec raison qu'une trop
» vive clarté dissipe les pensées, et qu'une lumière
» douteuse recueille les esprits. » Nous avons signalé
les deux tours carrées du parvis, hautes de 140 pieds.
Elles étaient sans flèches et loin de rivaliser en grâce et
en élévation avec le *Clocher des Lampes*, au milieu de
la deuxième croisée, avec les deux clochers octogones
qui s'élançaient à triple étage des deux extrémités de la
première croisée, et surtout avec le clocher quadran-
gulaire qui s'élevait majestueusement au milieu des
précédents. « Hæc moles (a écrit quelque part un auteur
» moderne) tantâ se majestate in nubes attollit ut stupore
» defixus eminùs spectans aliquandò steterim, ea est
» turrium frequentia, ea fornicatæ testudinis subli-
» mitas [1] ! »

M. Lorain [2] a donné une description détaillée de
l'église de Cluny. Nous renvoyons à ces pages intéressantes que la rapidité de notre récit ne nous permet pas
de reproduire.

Le premier architecte de cette merveille digne autrefois d'être la demeure des anges [3], et qui aujourd'hui
n'attend plus, hélas ! qu'un autre Jérémie, fut un
Cluniste, nommé Gauzon, ci-devant abbé de Baume,
alors retiré à Cluny et sur le point de mourir. Les
dimensions et l'ornementation lui furent montrées d'une
façon surnaturelle, confirmée par sa guérison subite,
selon la légende. Ordre lui fut donné de les bien fixer

---

(1) *Bibl. Clun.*, *in notis Quercitani*, p. 96, E.
(2) *Hist. de Cluny*, 2.e édit., de la page 58 à la page 77.
(3) *Deambulatorium Angelorum....* *Bibl. Clun.*, col. 458, B.

dans sa mémoire et d'aller les communiquer à l'abbé Hugues, qui n'avait rien de mieux à faire que de se mettre immédiatement à l'œuvre, malgré ses soixante-cinq ans, s'il ne voulait pas abréger le terme de ses jours (an. 1089). Quelle que soit la valeur que l'on veuille attacher à cette légende, toujours en ressort-il ce point historique que Gauzon ou Gonzon est le premier architecte de l'église de Cluny, celui qui en a conçu et produit le plan[1].

Mais ce n'était pas assez d'un seul homme pour soutenir et diriger un si gigantesque effort, durant vingt ans entiers et au-delà. Dieu suscita un autre religieux qu'il conduisit comme par la main et amena, de la cathédrale de Liége où il enseignait, dans l'humilité du cloître de Cluny. Ezelon ou Hézelon est le principal architecte de la grande église de Cluny ; et nous ne donnerons pas son nom d'une manière dubitative, comme l'historien de Cluny[2], mais avec certitude, fondés sur le témoignage de Pierre-le-Vénérable. Dans sa lettre à Albéron, évêque de Liége, il fait l'éloge des trois illustrations que cette église avait envoyées à la fois à Cluny sous Saint Hugues : Hézelon, Tezelin et Alger ; un artiste, un maître de la vie spirituelle, un docteur dans la théologie dogmatique, « quorum primus multo tempore » pro ecclesià ad quam venerat laborans, singulari » scientià, et prædicabili linguâ, non solùm audientium » mores instruxit, sed *corporalem novœ ecclesiœ fabricam,*

_____

(2) « Affuit tamen stimulus qui eum fortiter pupugit et adsurgere com— » pulit architectum nostrum. » *Bibl. Clun.*, col. 457, D.

(3) *Hist. de Cluny*, 2.ᵉ édit., p. 75.

» quam aliqui vestrorum viderunt, *plus cunctis morta-*
» *libus*, post reges Hispanos et Anglos *construxit*. » Ces
rois fournissaient les fonds et les matériaux ; Hézelon,
son génie et son application [1].

Cluny avait adopté, dans ses constructions, le style
roman modifié et embelli par le style importé de Bysance ;
et il sut le glorifier par la perfection où il l'éleva
bientôt, et par la majesté et l'ampleur des proportions
dans lesquelles il se plaisait à l'employer. Ce n'est pas
seulement le souvenir de son incomparable basilique qui
nous fait parler ainsi. Long-temps avant qu'il fût question
de l'élever, avant que Saint Hugues eût fait rédiger
officiellement les coutumes de son abbaye, Hugues de
Farfa avait envoyé (1009) un de ses disciples, nommé
Jean, observer sur les lieux et décrire pour l'usage
particulier de son monastère les *us et coutumes de Cluny*.
Cet ouvrage, demeuré manuscrit dans la bibliothèque
Vaticane, n. 6808 [2], contient des choses que nous ne
retrouverions pas ailleurs aujourd'hui. Le livre deuxième
commence par la *position et les dimensions des lieux
réguliers*. Nul doute que ces dimensions que l'on veut
transporter à Farfa ne soient celles de Cluny au
temps de Saint Odilon. Quand nous serions dans
l'erreur à cet égard, toujours est-il certain que ces
proportions ont été fournies et ces plans élaborés à
Cluny, dont nous surprenons ainsi la glorieuse influence

---

(1) *Bibl. Clun.*, col. 794. Epist. Petri Ven., lib. III, epist. II. — C'est, sans
doute, le même Ezelon, dont on vante ici la science et la doctrine, qui a
écrit, de concert avec Gilon, une Vie abrégée de Saint Hugues, que les
Bollandistes nous ont conservée, au 28 avril (Aprilis, t. III).
(2) *Ann. Bened.*, t. IV, p. 207 et 208.

jusqu'au cœur de l'Italie, cette terre classique des lettres et des arts. « L'église devait avoir 140 pieds de
» long, 160 fenêtres vitrées, deux tours à l'entrée;
» formant un parvis pour les laïcs;.... le dortoir, 140
» pieds de long, 34 de hauteur, 92 fenêtres vitrées
» ayant chacune plus de six pieds de hauteur et 2 1/2
» de largeur; le réfectoire, 90 pieds de long et 23 de
» hauteur;.... l'aumônerie, 60 pieds de longueur;
» l'atelier des verriers, bijoutiers et orfèvres, 125 pieds
» de long sur 25 de large[1]; les écuries des chevaux du
» monastère et des étrangers, 280 pieds de long sur 25,
» etc., etc., etc.... » Ces chiffres suffisent pour justifier
ce que nous avons dit, que Cluny faisait les choses en
grand, et maintenait ses conceptions artistiques au
niveau de sa mission qui embrassait l'univers chrétien.

« Saint Odilon, dit de son côté le moine de Souvigny,
» auteur de sa Vie[2], joignait à la gloire qui vient des
» vertus intérieures un goût tout particulier pour cons-
» truire ou relever les édifices consacrés à la religion.
» Pour les orner, il mettait les contrées lointaines à
» contribution. Cluny nous fournit la preuve de ce que
» nous avançons. Il en remit à neuf tous les édifices
» au-dedans et au-dehors, et il y prodigua la plus riche
» ornementation. Sur la fin de sa vie, il construisit à
» neuf le cloître. Les colonnes étaient de marbres qu'il
» faisait venir du fond de la Provence, en remontant

(1) « Inter prædictas cryptas et cellam novitiorum, posita sit alia cella ubi
» aurifices, inclusores et vitrei magistri operentur; quæ cella habeat longi-
» tudinis CXXV pedes, latitudinis XXV. »
(2) *Bibl. Clun.*, col. 431, et in notis Quercitani, col. 96.

» péniblement les courants rapides de la Durance et du
» Rhône. C'était un ouvrage splendide dont il aimait à
» se glorifier. Il disait qu'il l'avait trouvé de bois et qu'il
» le laissait de marbre. »

Le moine de Souvigny énumère ensuite les principaux
monastères relevés de leurs ruines ou de leur humilité
par les soins ou sous l'influence de Saint Odilon. Deux
appartiennent à nos contrées, Charlieu et Ambierle :
« Ex toto etiam suo tempore constructus Caruslocus,
» Ambierta, valdè celebris ecclesia. » C'est ainsi que
Cluny préludait à sa mission de grand constructeur,
qu'il a remplie par la suite, en semant les grands
édifices sur toutes les terres soumises à la règle Bénédictine.

VII.

L'architecture suppose d'autres arts qui n'étaient pas
moins en honneur. On voyait, sur les murs intérieurs de
la grande basilique et dans le réfectoire[1], des peintures
qui représentaient les traits principaux de l'ancien et
du nouveau Testament ; le jugement dernier, les portraits
des fondateurs et des bienfaiteurs de l'abbaye. Le ciséau
du sculpteur se promenait autour des fenêtres, des
portes, des piliers, des autels. Les statues, en bois, en
pierre et en métal, étaient multipliées. La confection des
vases sacrés, des reliquaires et autres ornements, avait

[1] *Bibl. Clun.*, col. 1640, A, B. « Est insuper amplum refectorium....
» Ista domus refectorii habetur gloriosa in picturis tàm novi quàm veteris
» Testamenti, Principum fundatorum et benefactorum cœnobii Cluniacensis,
» cum immensâ imagine Christi, et repræsentatione magni ipsius judicii. »

lieu dans les monastères de Cluny, et y conservait à la fois l'art et le souvenir de Saint Eloi. La description et le catalogue du trésor de Notre-Dame d'Avallon, donné à Cluny par Hugues petit-fils du duc de Bourgogne Robert, nous ont été conservés par Dom Luc d'Achery[1] ; on est étonné, en lisant cet acte authentique, de la richesse et de la variété des objets et vêtements employés dans les saints offices. L'or, l'argent et le vermeil[2] y brillent tour-à-tour. Un immense lustre, bronze, or et argent, en forme de couronne et d'un travail admirable[3], était suspendu au milieu du chœur de Cluny, et s'éclairait à toutes les grandes solennités.

Devant le grand-autel, étincelait un candélabre de cuivre, d'une grandeur immense et d'un rare travail, tout revêtu d'or, orné de cristaux et de bérils. La tige avait environ dix-huit pieds[4]. Il était fait sur le modèle de celui que le Seigneur avait commandé à Moïse et qui est décrit dans le livre de l'Exode. Sa tige, en effet, portait six branches, trois d'un côté et trois de l'autre, ornées de boules et terminées par des lys et des coupes; la tige se terminait de même et formait la septième branche. Les vers suivants y étaient inscrits :

Ad fidei normam voluit Deus hanc dare formam,
Quæ quasi præscriptum doceat cognoscere Christum :
De quo septenæ sacro spiramine plenæ
Virtutes manant, et in omnibus omnia sanant.

« Dieu a voulu nous donner lui-même la forme de cet ouvrage » comme une règle de notre foi, comme un précepte qui nous enseigne

[1] *Spicilegium*, t. III, in-fol., p. 412.
[2] Textus unus aureus, et unus argenteus, *aliusque dimidius....* (Ibid.)
[3] *Bibl. Clun.*, col. 1368, statutum LII.
[4] *Bibl. Clun.*, col. 1640, C, D.

» la connaissance du Christ ; du souffle sacré de son septénaire,
» coulent à pleins bords les vertus qui dans tous guérissent tous
» les maux. »

La reine Mathilde, épouse de Guillaume-le-Conquérant, avait fait les frais de ce chef-d'œuvre vraiment royal[1].

La verrerie aussi était en progrès. On soupçonnait déjà le bel effet des vitraux peints ; on commençait à appliquer sur le verre des couleurs qui conduiront bientôt à l'art plus développé des légendes sur verre.

La musique religieuse venait animer le beau vaisseau roman. Elle était cultivée avec un soin particulier à Cluny selon Martin Gerbert[2] ; et c'est peut-être moins encore sur la réputation de choriste, que sur l'expérience, le

---

(1) Nous donnons ici un dessin du grand candélabre qui est placé dans la chapelle de la Vierge à la cathédrale de Milan ; nous le devons à la gracieuse obligeance de M. Victor Petit, habile dessinateur qui, pendant près de deux mois, a reproduit sur le papier les magnifiques détails de ce candélabre, qui a 15 pieds de hauteur et que le peuple appelle l'arbre de la Vierge. Les nœuds qui retiennent les branches sont ornés de pierreries, ciselés de figures, ainsi que les rinceaux de la base ; ces figures représentent les sujets de l'ancien et du nouveau Testament qui ont rapport à la mère du Christ. Il y a une telle similitude entre la description du candélabre de Cluny et la réalité de celui de Milan, que nous n'avons pu résister au désir d'en orner une des pages de ce mémoire. Rien n'élucide mieux une description que la vue d'objets analogues, il faudrait dire ici semblables. Les archéologues instruits auxquels M. Petit a communiqué ses dessins, qu'il compte bien publier un jour, s'accordent à dire que le candélabre de Milan serait, au plus tard, de la seconde moitié du XII.ᵉ siècle. Serait-ce une copie de celui de Cluny exécuté à la fin du XI.ᵉ? Il n'est peut-être pas trop téméraire de le penser. *San Benedetto*, sur le Pô, était un des fils de Cluny, et les fils de Cluny aimaient à copier leur mère. On sait que Milan n'a pas toujours possédé son candélabre; l'inscription qui indique un don de l'archiprêtre Trivulce, en 1562, n'est certainement pas l'époque de sa confection, mais probablement du don qui en a été fait à la cathédrale. Le candélabre de Cluny avait 18 pieds, celui de Milan 4ᵐ 75ᶜ. Sans faire de dissertation sur le pied ancien, il n'y a pas là une bien grande différence ; en tout cas, il donne une haute idée de l'art au moyen-âge. Nous ne connaissons rien de pareil dans les temps modernes.

A. DE SURIGNY.

(2) *De cantu et musicâ sacrâ.*

goût et le zèle de Rainaud de Semur, élève de Cluny, que les religieux de la Grande-Chartreuse s'adressèrent à ce prélat pour recevoir de lui le chant sacré de leurs offices [1]. Cluny propageait aussi en Espagne, avec le rit romain, les touchantes et pures mélodies du chant grégorien [2].

[1] Severtii *Chronic. herarch.*, p. 238. Il y a, en cet endroit, un anachronisme que nous devons relever. Severt attribue à Raynaud de Forez ce qui appartient visiblement à *Raynaud de Semur, successeur de Umbald.*

[2] *Ann. Ben.*, t. V, p. 42.

CHAPITRE III.

ÉCRIVAINS DE CLUNY AU XI.ᵉ SIÈCLE.

I.

Nous avons nommé quelques-uns des artistes de Cluny ; terminons en signalant quelques-unes des célébrités qui l'ont illustré en ce siècle, dans les sciences et les lettres.

Raoul Glaber[4], que l'on croit Bourguignon d'origine, après une enfance difficile et une jeunesse orageuse, errait, même sous le froc, de monastère en monastère. Saint-Germain d'Auxerre , Saint-Bénigne de Dijon, Notre-Dame de Moutier et Bèze, donneront successivement asile à son humeur inconstante et fâcheuse. Cluny seul aura la vertu de le charmer, et le mérite de le fixer jusqu'à la mort, vers 1049. C'est là , nous l'avons dit, et sur l'ordre de Saint Odilon qu'il reprit et acheva son *Histoire universelle*, commencée autrefois à Saint-Bénigne, sur les instances de Guillaume, mais inter-

(4) *Ann. Bened.*, t. IV, p. 463, etc. — *Fr. litt.*, t. VII, p. 399.

rompue depuis que ce saint abbé s'était vu dans la triste nécessité d'expulser le moine indocile. Et néanmoins, les pensées vraies et pratiques de la foi ne laissaient pas le fiel et la haine pénétrer dans ces grandes âmes ; et c'est à Guillaume lui-même que Raoul dédie son œuvre…. OEuvre pleine des défauts de l'époque, mais remplie de détails intéressants qu'on chercherait vainement ailleurs. Nous avons déjà dit le témoignage que lui rendent à l'envi les savants cardinaux Baronius et Bona. Il nous a laissé encore une Vie du B. Guillaume de Saint-Bénigne, adressée à tous les fidèles ; — des inscriptions en vers hexamètres pour chacun des 22 autels de Saint-Germain d'Auxerre, composées lorsqu'il y était religieux ; — un poème en vers iambiques rimés, sur la mort du roi Hugues, — et un autre en vers hexamètres, qui est une satire véritable contre le luxe et la dépravation introduite à la cour de France par les gens de la langue d'oc, après le mariage du roi Robert avec Constance de Provence.

Syrus et Aldebald [1], moines de Cluny sous Saint Odilon, furent sans doute les chefs de l'école monastique. C'est à cause de la haute renommée de Syrus que Garnier, religieux *de sainte mémoire*, le pria d'écrire la Vie de Saint Mayeul. Il se mit avec zèle à ce pieux devoir. Mais il fut envoyé à Pavie avant de l'avoir achevé, et Garnier lui-même dirigé du côté de l'Alsace, emportant avec lui l'œuvre inachevée de Syrus. St. Odilon, l'ayant retrouvée au monastère de Morbach, chargea Syrus, à son retour d'Italie, d'y mettre la

---

[1] *Ann. Bened.*, t. IV, p. 86.

dernière main. Celui-ci divisa son ouvrage en trois livres, et le dédia à Saint Odilon.

Après la mort de Syrus, Aldebald, sans rien changer ni ajouter au récit de son confrère, mit une préface à la tête de chacun des trois livres qui partagent son œuvre, et intercala dans le texte quelques tirades de poésies dans le goût du siècle. Syrus eût mieux réussi ; car les auteurs de la *France littéraire* [1] remarquent que sa poésie était supérieure à celle de ses contemporains. C'est de cet ouvrage ainsi revu que Saint Odilon dit, dans le panégyrique qu'il composa à son tour, à la louange de Saint Mayeul : « *Volumina à doctissimis viris* ordinata, » sensu catholico, *calamo conscripta rhetorico*, et in » quibusdam locis metro variata dactylico. » Ces expressions nous semblent confirmer le soupçon que nous avons émis, que Syrus et Aldebald enseignaient à Cluny. L'œuvre de ces *savants hommes* sent le professeur *de rhétorique* et de versification.

Jotsauld, fils de Bernard et d'Ada, était surnommé l'Allemand, et on le croit Allemand d'origine. Mais il fut élevé dès sa jeunesse, sous la discipline de St. Odilon, dans l'étude des sciences et la pratique des exercices du cloître. Ses succès lui firent confier l'office important de chancelier ou secrétaire de la maison. Saint Odilon, puis Saint Hugues eurent toujours pour lui la plus tendre affection, et le choisirent souvent pour compagnon dans leurs voyages.

Il avait écrit sur l'Eucharistie, contre Bérenger, et sur l'histoire de son temps. Vers 1053, il publia une Vie de

---

(1) *Fr. littér.*, t. VII, p. 410.

Saint Odilon, à laquelle il donna le titre modeste
d'*Epitaphe*, comme faisait Saint Jérôme ; et il est digne
d'être rapproché, en ce genre d'écrit, de l'historien de
Saint Hilarion et de Sainte Paule. Car, bien que Jotsauld,
obligé de parler de lui-même, n'ose le faire qu'en disant
qualiscumque homuncio, il n'en est pas moins vrai, au
jugement de Dom Rivet[1], que « nous avons très-peu
» d'ouvrages de ce siècle, en même genre de littérature,
» qui soient écrits avec plus d'ordre, plus de netteté,
» plus de candeur, plus d'onction, on peut même dire
» en meilleurs termes. »

Il nous reste de Jotsauld un chant funèbre dans le
genre dramatique, sur la mort de Saint Odilon[2]. Si la
poésie n'est pas du premier mérite, d'autres qualités le
recommandent à l'étude et aux observations de l'ami
des bonnes lettres ; et ce morceau serait digne assurément de figurer dans l'histoire de la littérature. Les
sentiments qu'il exprime sont touchants et chrétienne-
ment passionnés. L'action est vive, le mouvement varié.
Après l'exposition, la raison paraît et se montre déses-
pérée : la religion survient et célèbre la future résurrection. Puis un pieux souvenir à Guillaume de Saint-
Bénigne, l'ami, le condisciple, l'émule d'Odilon, mort
le même jour :

> Uno florentes in tempore, corpore mundo,
> Unius et fidei, veræ pietatis amici.
> Junxit utrosque fides, similes habuere recessus,
> Gloria non dispar, eadem sequiturque corona.

(1) *Ann. Bened.*, t. IV, p. 499. — *Fr. littér.*, t. VII, p. 487.
(2) *Bibl. Clun.*, col. 329 et suiv.

Et il célèbre le glorieux triomphe des deux amis. Il
emprunte la forme et presque jusqu'aux expressions du
Cantique des Cantiques. Puis, quand son œuvre, où nous
regrettons de ne pouvoir le suivre, est terminée, il se
recueille, pleure et recommande sa mémoire aux deux
élus de Dieu, comme faisaient, plus tard, ces autres
artistes du cloître qui, au calvaire dont ils avaient
reproduit la vive image, ne manquaient guère de se
peindre eux-mêmes en adoration aux pieds du Christ
mourant :

> Odilo, jam valeas, Jotsaldi jam memor esto,
> Almaniique tui votis piè semper adesto.

II.

Nous avons déjà nommé les deux auteurs des Coutumes de Cluny, Bernard et Udalric [1]. L'origine de
Bernard est inconnue, mais il fut élevé dès l'enfance à
Cluny. Il nous apprend, dans la préface de son livre,
qu'il devait tout à Saint Hugues [2], et que ce qu'il savait
pour la conduite de la vie, comme dans l'intelligence
des Ecritures, il l'avait appris du saint abbé.

Udalric, fils de Bernold, avait reçu une éducation
soignée et une instruction littéraire solide, à Ratisbonne,

---

(1) *Ann. Bened.*, t. IV, p. 531 ; t. V, p. 221. — *Fr. littér.*, t. VII, p. 595.

(2) Consuetudines cœnobii Clun. in proœmio : « Quidquid de religionis
» tramite apprehendi, vestri potiùs muneris ex Dei inspiratione quàm meæ
» fuit industriæ, parùmque meum studium profuisset, nisi vestra me regen-
» dum et instituendum paternitas suscepisset, in quà, Deo donante, quasi
» digito Dei expressum video, quidquid in libris sacris virtutum lego, ut
» palpare quodammodo possim quod de Scripturis intelligo, si vestræ con-
» versationis lineas vigilanter attendo. »

sa patrie. Introduit à la cour de l'empereur Henri III, qu'il édifia, il la quitta pour aller visiter les saints lieux (1052). A son retour, il veut fonder un monastère. Mais les difficultés qu'il rencontre l'engagent à distribuer aux pauvres son immense fortune, et à venir, après avoir visité Rome, se consacrer à Dieu à Cluny, avec Giraud, écolâtre de Ratisbonne, qui devint grand-prieur et cardinal-évêque d'Ostie. Udalric fut appliqué à la direction des âmes à Cluny d'abord, puis à Marcigny [1]. Privé malheureusement d'un de ses yeux, il fut rappelé à Cluny, employé encore dans quelques missions délicates, et mourut en Allemagne, dans un monastère de la Forêt-Noire, qu'il avait fondé et qui reçut, dans la suite, le nom de Saint-Udalric [2]. Nous n'avons pas à revenir sur le mérite de ses *Antiquiores Consuetudines*.

Hébretme [3] est un de ces religieux de Cluny, cédés à l'Espagne, sur les instances de ses princes et de ses évêques, pour réparer, nouveaux Esdras, les ruines de l'Eglise, après la longue oppression des Sarrasins. Il mourut vers l'an 1085, après avoir contribué plus que personne à introduire en Espagne l'ère chrétienne de l'Incarnation, qui y était inconnue auparavant. Papebrock nous a conservé de lui la Translation du corps de Saint Idalèce [4], l'un des premiers évêques qui portèrent l'Evangile en Espagne. Hebretme l'écrivit sur

(1) *Ann. Bened.*, t. V, p. 321.
(2) *An. Bened.*, t.V, p. 321, et *Bibl. Clun.*, col. 1742. « Prioratus de Cellà, » aliàs Sancti-Ulrici in Nigrâ Sylvâ. »
(3) *An. Bened.*, t. V, p. 211. — *Fr. litt.*, t. VIII, p. 150.
(4) Translation du corps de Saint Idalèce, de Merida à Saint-Jean de la Pegna, aprilis 3, p. 723.

la demande de Sanche, abbé de la Pegna. « Cette histoire,
» dit Dom Rivet, est bien écrite à tous égards. Non-
» seulement le style ne se ressent en rien de la barbarie
» du siècle ; mais il est encore clair, coulant, agréable,
» et montre un écrivain de piété et bien instruit de sa
» religion [1]. » Après ce jugement critique et celui qu'il
porte sur Jotsauld, tous deux constatant les immenses
progrès de l'école de Cluny, nous ne comprenons nulle-
ment que D. Rivet ait pu, comme il l'a fait, attribuer
seulement à l'école du Bec les progrès des lettres sur la
fin du XI.e siècle. — Nous avons encore d'Hébretme le
récit de la translation du corps de Saint Isidore de
Séville. Mêmes qualités, même mérite que le précédent.

Que dirons-nous du moine Alger [2], accouru, comme
nous l'avons dit plus haut, de Liége à Cluny, avec
Tézelin l'ascétique et Ezelon l'architecte ? Alger est le
grand théologien de Cluny et peut-être de son siècle.
Trithème dit qu'il réussissait également dans la prose et
dans les vers [3]. Reçu à Cluny par Saint Hugues, il lui
survécut de plusieurs années et mourut vers l'an 1132
ou 1135.

Alger a laissé : 1.° un livre intitulé *De misericordiá et
justitiá*, mentionné par Mabillon, et édité par Dom
Martenne et Durand [4] ;

2.° *De libero arbitrio*, que Trithème intitule : *De
gratiá et libero arbitrio;* ouvrage édité par D. Pez [5] ;

---

(1) *France litt.*, t. VIII, p. 150.
(2) *Menologium Benedictinum*, p. 367.
(3) Carmine valuisse et prosâ.
(4) Mentionné par Mabillon, dans ses *Analecta*, p. 130; édité par D. Martenne, dans son *Thesaurus novus,*..... t. V, p. 1019.
(5) *Thesaurus novissimus Anecdotorum*, t. IV, partie II, p. 111 *(Augustæ-Vindeliciorum, 1723)*.

3.° *De sacramentis corporis et sanguinis Domini.* C'est l'ouvrage principal d'Alger. Il a été mis, par Pierre-le-Vénérable, bien au-dessus des ouvrages sur le même sujet écrits par Lanfranc et Guitmond, contre les erreurs de Bérenger[1]. Pierre-le-Vénérable ajoute qu'il ne laisse rien à désirer, sur la matière qu'il traite, au lecteur le plus difficile. Tel est aussi le jugement d'Erasme qui, dans sa lettre à un évêque, écrit « qu'il n'a jamais douté de la vérité » du corps et du sang de Jésus-Christ dans l'Eucharistie ; » mais qu'il avoue que la lecture de ce livre, également » pieux et savant, a encore fortifié sa foi et augmenté » son respect. » Ce traité qui se trouve dans la collection des *Petits Pères*, a en outre été édité à Louvain en 1561, pour combattre les erreurs du Protestantisme. Tout récemment, Monseigneur J. B. Malou, précédemment professeur à l'Université de Louvain, aujourd'hui évêque de Bruges, en a donné une nouvelle édition, augmentée d'un petit traité du même auteur, *De sacrificio missæ*, découvert par le cardinal Maï ; *Lovanii, sumptibus* C. Fonteyn (1847, in-32).

Nous demandons pardon de ces détails bibliographiques ; mais ils ont plus d'autorité que notre témoignage en faveur du mérite d'Alger.

III.

C'est avec plus d'affection encore que nous rappellerons ici la mémoire de Rainaud de Semur et de Pierre-le-Vénérable, l'un neveu par son père, l'autre petit-neveu

[1] *Bibl. Clun.*, col. 1175, D, E.

par sa mère, de Saint Hugues. Tous deux voués à Cluny dès l'enfance et reçus par Saint Hugues à la profession monastique, ils durent toute leur culture intellectuelle à l'école de Cluny ; et nous ne craignons pas de répéter qu'aucun écrivain ne lui fit plus honneur.

Rainaud, fils de Geoffroi II de Semur et d'Alix de Guines [1], était prieur de Marcigny [2], l'an 1103. Nommé abbé de Vezelay, malgré l'opposition du comte de Nevers, il reçut la bénédiction abbatiale des mains du souverain pontife Paschal II, au concile de Guastalla, en Lombardie [3] (1106). Il fut le généreux restaurateur de son abbaye, qu'il voulut ensuite rattacher plus étroitement encore à Cluny, en contractant avec son saint oncle une société intime de prières (1108) [4]. L'an 1119, le roi Louis VI confirmait entre ses mains les priviléges de Vézelay [5]. Il assista au concile de Troyes [6] (14 janvier 1128), dans lequel douze archevêques ou évêques, présidés par le légat Mathieu, évêque d'Albe, approu-

(1) Le *Gallia Christiana* (t. IV, p. 114) relève l'erreur de quelques auteurs, suivis par Duchesne (*Généalog. des Maisons souveraines*, t. VI), relativement à Rainaud qu'ils faisaient frère et non neveu de Saint Hugues ; mais il en commet une, à son tour, en faisant naître Rainaud, *de Dalmace* et *d'Aremburge* de Vergy, père et mère de Saint Hugues. Nos manuscrits, le témoignage de Pierre-le-Vénérable et celui de Rainaud lui-même, dans les deux vers qui terminent cet article, prouvent que Rainaud était neveu du saint abbé de Cluny. L'erreur, à cet égard, est venue d'une charte d'un Geoffroi de Semur, dont les premières lignes sont reproduites par Duchesne, dans les notes du *Bibl. Clun.*, col. 85. Ce *Geoffroi* se dit *frère de Rainaud, abbé de Vézelay.* C'est que Rainaud était, en effet, fils de Geoffroi II et frère de Geoffroi III de Semur.
(2) Catalogue des Prieurs de Marcigny, Mss. M.
(3) *Gallia Christ.*, t. IV, p. 468. — *Ann. Ben.*, t. V, p. 498.
(4) *Gallia Christ.*, t. IV, p. 114 et 468.
(5) *Thesaurus Anecdotorum*, col. 322.
(6) *Deliciæ Ordinum equestrium*, p. 228.

vèrent solennellement la règle des Templiers, rédigée
par Saint Bernard. L'abbé de Vézelay signe immédiatement après les évêques et avant l'abbé de Citeaux.
Quelques semaines plus tard, il devenait archevèque de
Lyon et légat du Saint-Siége [1]. Des démêlés s'étant élevés
entre l'évêque de Langres et l'abbé de Saint-Seine,
Rainaud, en sa qualité de métropolitain, eut à intervenir
et termina heureusement ce différend [2]. Les religieux
de la Grande-Chartreuse voulurent recevoir des mains
de ce prélat le chant de l'antique Eglise de Lyon, qui
fut adopté dans toutes les maisons de l'ordre [3]. Le sceau
de Rainaud et sa signature se trouvent dans une charte
donnée en faveur de la Chartreuse de Portes (Eremi
Portæ). Pierre-le-Vénérable dit que ce pontife aurait
élevé jusqu'au ciel la gloire de l'Eglise de Lyon, si une
fin prématurée ne l'eût enlevé de ce monde [4]. Il mourut
le 7 août de l'année 1129. Sa réputation de sainteté l'a
fait honorer du titre de Bienheureux, dans le marty-
rologe gallican [5]. Il avait un cénotaphe dans l'église de
Saint-Irénée de Lyon ; mais son corps reposait à Clûny.

> Cujus erat monachus, propè cujus ab ubere natus.
> Accubat in gremio nunc, Cluniace, tuo [6].

Ce que nous connaissons de Rainaud, en vers comme
en prose, fait regretter qu'il n'ait pas écrit davantage.

(1) *Deliciæ Ordinum equestrium*, p. 228.
(2) *Gallia Christiana*, t. IV, p. 114.
(3) *Severtii Chronol. hierar.*, p. 238 et 263.
(4)   Lugdunensis apex junxisset cornua cœlo,
         Ni celer occasus surripuisset eum.
                         (*Bibl. Clun.*, col. 1353, A.)
(5) *Gallia Christ.*, t. IV, p. 114.
(6) *Bibl. Clun.*, col. 1353, A.

Le ton de son *Histoire de Saint Hugues*, la verve, la latinité n'accusent point le siècle où il écrivait, mais nous apparaissent comme un reflet de la bonne antiquité. Nous l'avons déjà dit, il nous donne la mesure des progrès de l'école de Cluny au XI.e siècle. Il a traité le même sujet dans un poème de 220 vers, d'où il a eu le bon goût d'exclure constamment la rime et les jeux de mots, si habituellement recherchés à cette époque. Mais il y a, dans son œuvre, de l'enthousiasme, du sentiment et une allure poétique qui lui donne une supériorité réelle sur ce que nous connaissons de la même époque en ce genre. Il termine en s'agenouillant à son tour, devant son héros, dès-lors, sans doute, couronné de l'auréole des Saints :

> Hæc, pater Hugo, tui Rainaldi dicta nepotis
> Suscipe, quæso, piè, meque tuere, pater [1].

Pierre-le-Vénérable était encore au sein de sa mère, lorsque Saint Hugues [2], avec cet ascendant que lui donnait son âge déjà avancé, sa qualité d'oncle de Raingarde et la grâce qui était en lui, s'adressant à sa nièce : « Sachez, Madame, lui dit-il, que l'enfant dont vous » êtes enceinte, est consacré à Dieu et donné à Saint » Pierre. — Seigneur, répondit la pieuse dame, si » c'est un garçon, que votre volonté soit faite. — Ce » sera un garçon, je vous l'assure, répliqua l'abbé. » Peu de temps après, Raingarde offrait au Seigneur un nouveau-né, nommé Pierre, du nom de celui auquel il

(1) *Bolland.*, *Aprilis* tom. III, col. 655.
(2) *Veterum Scriptorum Collectio D. Edm. Marlenne*, t. VI, p. 1187.

avait été donné avant sa naissance. Sur l'ordre de Saint Hugues[1] , il était admis au monastère de Sauxillanges , dépendant de Cluny et voisin du château de Montboissier, pour y être initié aux premiers éléments des lettres et de la vertu , sous la direction de son oncle Hugues de Semur, vingt-deuxième prieur de Sauxillanges[2] avant de passer en la même qualité à Marcigny et de là sur le siége abbatial de Cluny. Bientôt il venait à Cluny même prendre , avant l'âge de dix-sept ans , ses engagements religieux. Il fut prieur de Vézelay ; et à trente ans, l'élection des Frères l'appelait au gouvernement général de l'ordre , après le trop court passage du vénérable Hugues II, son parent et son premier maître à Sauxillanges. Hugues n'avait pas eu le temps de réparer les ruines amoncelées en quelques années sous la déplorable administration de Pontius de Melgueil. Pierre, en peu d'années , fit revivre la discipline monastique et ressuscita l'esprit de Saint Hugues. Il eut l'honneur de recevoir à Cluny la visite du pape Innocent II [3]. Abeilard trouva en lui un ami et un père , qui le réconcilia avec l'Eglise , encouragea sa pénitence , recueillit son dernier soupir , et trouva dans son âme aimante des espérances et des éloges à répandre sur la tombe du moine aventureux [4]. S'il aima les personnes, il combattit sans relâche les erreurs, comme l'attestent ses nombreux traités contre les Mahométans , contre les Juifs , contre les hérétiques

(1) *Veterum Scriptorum Collectio D. Edm. Martenne*, t. VI, p. 1187.
(2) Mss. C., Catalogue des abbés et prieurs de Sauxillanges *(Celsiniæ),* dans le *Necrologium Cluniacense historicum*, p. 119.
(3) *Bibl. Clun.*, col. 1315, A, B.
(4) *Bibl. Clun.*, col. 852, 853.

de son temps et sur les vérités principales de la religion chrétienne. Enfin, il mourut saintement à Cluny, le 24 décembre 1156.

Les œuvres de Pierre-le-Vénérable remplissent la moitié du *Bibliotheca Cluniacensis*. Indépendamment des *Traités divers* dont nous venons de parler, nous possédons de ce docte personnage six livres d'*Epîtres*, avec un supplément. On voit que Pierre-le-Vénérable a été en relation avec tous les hommes éminents de son siècle. Le recueil de ses lettres est incontestablement ce qu'il nous a laissé de plus important. Il nous en reste plus de deux cents. Les questions les plus variées y sont abordées. L'histoire générale peut les considérer comme une de ses sources les plus pures et les plus fécondes. Nous y pouvons recueillir un grand nombre de traits peu connus de notre histoire locale. Ses livres des *Miracles* renferment assurément bien des traits d'une authenticité peut-être suspecte, ou du moins auxquels on attribue trop facilement un caractère surnaturel. Mais, comme renseignements historiques et peinture de mœurs contemporaines, c'est un livre intéressant et précieux. Sa versification latine nous paraît inférieure à celle de Rainaud. Il court encore après les jeux de mots et la rime. C'est, du reste, une portion très-minime des œuvres de l'abbé de Cluny. Ses poèmes principaux sont la Défense des poésies de Pierre de Poitiers, son disciple, et un Eloge historique de Saint Hugues, en dix-huit stances iambiques[1]. Après les poésies, viennent les *statuts* de Pierre-le-Vénérable, par lesquels il modifie

[1] *Bibl. Clun.*, col. 1338 et 1351.

quelques usages de Cluny, en ajoutant à chaque statut les motifs particuliers de ce changement [1].

« Son style, dit Feller, est ordinairement net et » correct, surtout dans ses lettres.... Il partagea cons-» tamment, avec Saint Bernard et l'abbé Suger, la » supériorité du mérite et de la célébrité sur les grands » hommes de ce temps. Il défendit son ordre contre » Saint Bernard qui reprochait aux religieux de Cluny » d'être trop somptueux en bâtiments, d'avoir une » table trop peu frugale, de s'éloigner de quelques » pratiques de la règle de Saint Benoît. » L'idée n'était pas nouvelle. Saint Pierre Damien, avant Saint Bernard, l'avait exprimée à Saint Hugues avec moins de feu et de pétulance que le glorieux compatriote de Bossuet. L'esprit de Cluny, nous le répétons, était effectivement de faire servir, dans les limites de la loi de Dieu, les sens au profit de la vertu ; de diriger les passions des hommes, au lieu de les heurter de front. Sans rien diminuer de notre affectueux respect pour St. Bernard, nous aimons mieux Saint Pierre Damien se rendant aux raisons de Saint Hugues ; comme lorsque, aux temps modernes, la querelle se renouvellera, à propos des études monastiques, nous aimerons autant Mabillon que Rancé. On ne dispute pas plus des vocations que des goûts.

Terminons cette revue par un hommage rendu aux génies particuliers de Saint Odilon et de Saint Hugues.

[1] *Bibl. Clun.*, col. 1354 et suiv.

IV.

Le goût de Saint Hugues pour les sciences et les lettres s'était manifesté de bonne heure. Tout petit enfant, disent ses biographes[1], il aimait à s'appliquer à la lecture, contre le gré de son père qui le déstinait au monde. Et lui ne voulait point du monde, précisément parce qu'il eût fallu, avec le monde de ce temps-là, se passer de cultiver son intelligence pour se livrer à des exercices purement corporels[2]. Ses progrès durent être précoces et merveilleux ; car on y eut, sans doute, égard autant qu'à sa sainteté, pour l'élever si haut et le faire Grand-Prieur à vingt ans, Abbé général à vingt-cinq.

Ce n'est pas toutefois comme écrivain que nous voulons étudier Saint Hugues, parce qu'il nous reste trop peu de chose de ses vastes correspondances. à-peu-près rien de ses discours toujours improvisés. L'orateur surtout brillait dans Saint Hugues. L'orateur, c'est le théoricien dans l'application, l'écrivain dans l'action. Les qualités extérieures lui sont indispensables ; il lui faut une action vive et naturelle, un organe harmonieux. Il doit se présenter avec grâce et poser avec dignité. Un reflet de la beauté et de la sérénité divine doit paraître sur son front et dans toute sa personne. Saint Hugues possédait toutes ces qualités précieuses

(1) Bolland., t. III Aprilis, vita ab Hildeberto, n.º 2. — Vita à Raynaldo, n.º 1.
(2) Ces exercices corporels sont énumérés par Hildebert du Mans. *Bibl. Clun.*, col. 415, A.

dans un degré éminent. Sa beauté était merveilleuse[1] ; dès l'enfance, elle faisait l'orgueil de ses parents. Mais lorsque les premières années d'une jeunesse vertueuse lui eurent apporté leur tribut, Dalmace, qui n'avait pas vu son fils depuis sa retraite à Cluny, ne put s'empêcher, en le revoyant, d'exprimer tout haut son ravissement, et de s'écrier naïvement qu'il le trouvait plus beau encore sous le froc que sous les riches vêtements du grand seigneur. Quelque temps après, à Cologne, où l'empereur Henri III l'avait emmené célébrer avec la cour les fêtes de Pâques, les Germains ne se lassaient pas de contempler avec admiration, dans une si grande jeunesse, la gravité d'un homme à cheveux blancs, le charme de la conversation, la grâce du visage et la limpidité de la parole[2]. Aussi Léon IX, au concile de Reims (1049), le choisit-il pour son orateur ; et Hildebert dit qu'il y prononça un discours plein de force et de sainteté[3]. Quel talent de persuasion ne lui fallut-il pas pour réussir dans tant de missions délicates que nous lui verrons confier à Rome, dans les conciles, dans les cours, dans les monastères ? Au-dedans, il était le chef de ses religieux, bien moins encore par son caractère et sa dignité que par la supériorité de son génie et de ses connaissances. Toujours il était prêt à exhorter et à instruire ; et nous avons déjà recueilli le témoignage du moine Bernard, qui se reconnaît redevable envers notre saint de tout ce qu'il sait[4].

---

(1) *Bibl. Clun.*, col. 415, E ; 416, A, E.
(2) *Bibl. Clun.*, col. 417, E.
(3) *Bibl. Clun.*, col. 418, D, E.
(4) Ci-dessus, XIII.

Saint Hugues excellait dans le pathétique ; c'était le côté spécial de son éloquence ; mais un pathétique naturel, qui pénétrait jusqu'aux cœurs de ses auditeurs. Souvent il était interrompu par ses larmes, auxquelles l'auditoire répondait par des sanglots unanimes. Au Chapitre, quand il avait à s'élever contre quelque vice, il était aisé de voir qu'il parlait plutôt en père compatissant qu'en juge irrité[1].

Il n'y a rien d'imaginaire dans cette esquisse du talent oratoire de Saint Hugues. Chaque trait qui la compose est emprunté aux auteurs contemporains qui l'ont vu, qui l'ont entendu ; et leur jugement se confirme quand on lit le peu qui nous reste des écrits de Saint Hugues. Malheureusement, tout ce que nous avons pu nous en procurer se réduit à trois lettres à Saint Anselme de Cantorbéry [2] ; une aux religieux de Moissac [3] ; une à Guillaume-le-Conquérant [4] ; une au roi Philippe de France [5] ; un décret, expression de reconnaissance, en faveur du roi Alfonse d'Aragon [6] ; un édifiant apologue prononcé, une veille de Noël, dans la salle du Chapitre [7] ; une lettre aux religieuses de Marcigny. Elle renferme ses conseils et ses vœux suprêmes, à des filles bien-aimées dans le Seigneur. Aux cinq principales fêtes de l'année, elle était chantée en latin, au Chapitre [8]. Cette lettre est

(1) *Bibl. Clun.*, col. 416, E.
(2) *Anselmi opera*, éd. de Gerberon, 431 et 446. Elles ne se trouvent pas dans les autres éditions.
(3) *Ann. Ben.*, t. V, p. 130.
(4) *Bibl. Clun.*, col. 454, A, B, C.
(5) *Spicil.*, t. III, in-fol., p. 443.
(6) *Spicil.*, t. III, in-fol., p. 408.
(7) *Bibl. Clun.*, col. 500, 501, 502.
(8) *Bibl. Clun.*, col. 491, 492.

suivie d'une longue recommandation de la communauté de Marcigny aux abbés ses successeurs [1]. Puis vient une sorte de manifeste religieux, sous ce titre : *Imprecatio B. Hugonis Abbatis.* Il y rend compte de l'état où il va laisser son ordre. A la fin, il accorde encore un long et touchant souvenir à son cher Marcigny [2]. Enfin, dans les notes au *Bibl. Clun.* (col. 85), Duchesne nous donne le commencement de la charte de fondation de Marcigny par Saint Hugues. Nous n'avons pu trouver nulle part la lettre à Urbain II, ni celle au moine missionnaire Anastase dont parle Lorain et qui n'est que rappelée dans les Annales de Mabillon [3].

V.

Saint Odilon n'avait pas les qualités extérieures de Saint Hugues. Il était petit et gardait dans sa démarche un souvenir des infirmités de son enfance [4]. Il est plus écrivain qu'orateur. Aussi, à l'exception de Pierre-le-Vénérable, est-il de tous les abbés de Cluny celui dont il nous reste le plus d'ouvrages, en vers et en prose. Le *Bibliotheca Cluniacensis* en contient la majeure partie. Ce sont des biographies, telles que celles de Saint Mayeul et de l'impératrice Adélaïde, et des sermons.

Quand on parcourt les sermons de Saint Odilon, on reconnaît de suite que le studieux abbé se nourrissait de la lecture des Pères. On croit, en le lisant, entendre

(1) *Bibl. Clun.*, col. 493, 494.
(2) *Bibl. Clun.*, col. 495, 496, 497.
(3) *Hist. de Cluny*, 2.ᵉ édit., p. 57. — *An. Ben.*, t. V, 331.
(4) *Bibl. Clun.*, col. 316 et 1815, B, C.

un écho de Saint Ambroise, un prélude de St. Bernard : prélude lointain, écho affaibli, nous le savons, mais qui ne laisse pas néanmoins d'offrir, avec l'édification au cœur, quelque charme à l'oreille chrétienne. Quelle manière aisée et naturelle, large même quelquefois d'entrer dans son sujet ! On voit qu'il en est maître. Ouvrons au hasard. Ecoutez l'exorde de son sermon sur la Résurrection [1] :

« Aujourd'hui, frères bien-aimés, la résurrection
» de N. S. J. C., son triomphe sur le Prince de ténèbres,
» a rendu au monde l'espoir de l'immortalité, et une
» sérénité parfaite... Livrons nos âmes à l'allégresse,
» parce que, au milieu de la tempête, s'est montré le
» gage de l'éternel repos ; dans la nuée profonde de
» l'antique cécité a brillé la clarté de la lumière divine.
» Rendons gloire à Dieu ; célébrons, avec action de
» grâces, ses bienfaits et ses présents, si magnifiques,
» qu'ils ne sauraient l'être davantage. »

Saint Odilon, comme Saint Hugues, est souvent pathétique et touchant. Ainsi sait-il, des abaissements et de la pauvreté du Christ naissant, tirer des sentiments et des paroles qui toujours iront mieux au cœur de l'homme vertueux que toutes les déclamations sur l'iné-galité des conditions : « Le fils de Dieu s'est abaissé au-
» dessous des anges, s'écrie-t-il ; pour nous il s'est fait
» pauvre, afin que sa pauvreté devînt notre richesse.
» Oh ! bienheureuse pauvreté qui nous a enrichis !
» Heureux dénuement qui ne nous laisse manquer de
» rien ! Qu'elle est grande, qu'elle est glorieuse cette

(1) *Bibl. Clun.*, col. 388.

» pauvreté qui est annoncée par les anges , vénérée par
» les bergers , saluée affectueusement et adorée par les
» Mages , devant laquelle tout genou fléchit[1] !... »

Dans un discours sur l'*Invention de la Sainte Croix* ,
dont le *Bibliotheca Cluniacensis* [2] ne donne que les premières lignes et dont nous avons retrouvé toute la suite
manuscrite, Saint Odilon se montre tout plein de ce
généreux enthousiasme qui transportait le grand patriarche à la bouche d'or, quand il envisageait l'instrument
du salut du monde. Enfin , ce n'est pas une gloire
médiocre pour Saint Odilon que plusieurs de ses sermons
aient long-temps passé pour être de Saint Augustin , et
se retrouvent, à ce titre, reproduits dans les œuvres du
grand évêque d'Hippone.

Le plan que nous avions embrassé nous a amenés à
produire cette couronne de glorieux témoins des progrès
de l'école de Cluny. Après nous être fait une idée du
cloître et avoir exposé l'objet des études monastiques ,
il fallait donner une âme au corps , ajouter les hommes
aux choses.

L'étude et la piété étant également en honneur à Cluny,
nous avons rencontré le moine complet, le parfait disciple de celui qui s'est appelé lui-même *le Dieu des
vertus et le Dieu des sciences*. Mais ce n'est pas assez
encore.

Les ordres religieux naissent dans l'Eglise au souffle
de Dieu , chacun en son temps , non-seulement pour
recevoir et abriter les âmes qui ont besoin de travailler,

(1) *Bibl. Clun.*, col. 380 , B, C.
(2) *Bibl. Clun.*, col. 408. — Mss. M.

dans la retraite et le silence , à leur propre perfection ; mais encore , nous le croyons , avec une mission spéciale dans l'ordre des besoins généraux de la religion et de la société.

Ainsi , selon nous , double mission. L'une , qui dure aussi long-temps que l'Ordre , demeure fidèle à son esprit primitif et à ses constitutions. Elle est humble et cachée, pleine de paix et d'espérances toutes célestes pour ceux qui sont appelés , et pour les empires. C'est de cette mission que nous nous sommes occupés jusqu'ici.

L'autre mission, c'est la guerre que J.-C. est venu apporter sur la terre : guerre sainte, inséparable du bruit, des périls et de la gloire. Elle rencontre nécessairement des oppositions ; elle soulève des haines ; elle enfante des martyrs ; elle accomplit les desseins de Dieu pour le bien de l'humanité et l'exaltation de l'Eglise. Elle a son temps déterminé dans les conseils d'en-Haut. La mission publique de Cluny ne sort guère des limites du XI.e siècle. C'est elle qui va nous occuper désormais.

TROISIÈME PARTIE.

———————⟳———————

CHAPITRE I.ᵉʳ

PART DE CLUNY DANS LA POLITIQUE GÉNÉRALE.

I.

Nous arrivons au point de vue le plus éclatant de la grandeur de Cluny. C'est son action au dehors qui va terminer cette étude déjà trop longue.

Au XI.ᵉ siècle, la société était chrétienne. L'Eglise et la société avaient non-seulement les mêmes intérêts, mais les mêmes aspirations, la même vie. La politique était donc toute chrétienne, et Rome devait en être l'âme. Or, la politique sérieuse ne doit avoir d'autre objet en vue, que le salut des sociétés malades, que la gloire et la prospérité croissante des sociétés fortement constituées.

La société civile du XI.ᵉ siècle était plus malade encore que la société claustrale; et les mêmes causes qui avaient perdu la société claustrale avaient précipité la ruine de la société civile. Il est temps d'appliquer à celle-ci le remède qui a guéri ou ressuscité celle-là. L'épreuve de sa vertu a été faite durant un siècle entier sur la Congrégation de Cluny. Dieu le veut! La croisade de l'ordre contre le désordre européen va commencer presque au même temps que les croisades contre la barbarie asiatique.

A la déplorable confusion des pouvoirs, qui laissait la puissance laïque disposer des siéges apostoliques et du trône même de Pierre, l'Eglise opposera la volonté de s'émanciper : de là les grands démêlés du sacerdoce et de l'empire.

Au morcellement de l'autorité, cause de guerres incessantes entre les innombrables chefs de la féodalité, qui, par leur insubordination et leur puissance, annulaient souvent la puissance royale, elle opposera l'idée de la centralisation. Rome, habituée à se voir invoquée tantôt par les peuples opprimés, tantôt par les princes contre les peuples soulevés; Rome, comptant sur le consentement tacite des uns, sur le désir formellement exprimé [1] par la plupart des autres, se considérera comme *la cour d'appel* du christianisme, comme le centre de la catholicité jusque dans les choses du dehors. Excès, si l'on veut; mais, hélas! il n'est que trop dans la nature humaine, comme l'a dit le poète, d'excéder quelquefois, même avec les intentions les plus pures. Et puis, il arrive des époques fatales, où l'excès du mal ne peut être corrigé que par un zèle excessif dans le bien. A l'époque qui nous occupe, il ne fallait rien

(1) Hist. de Grégoire VII, *passim*, et surtout dans l'*Introduction* de M. Jager.

de plus, rien de moins que ce qui a été fait pour reconstituer la société.

A cette anarchie intérieure, qui sans cesse et pour de misérables intérêts d'amour-propre ou d'orgueil, quelquefois pour un caprice, armait le frère contre le frère, le voisin contre le voisin, et inondait l'Europe du sang de ses enfants, sans profit, sans contrôle, l'Eglise opposera la touchante institution de la Trève de Dieu, qu'elle saura imposer à la féodalité; tandis que, pour mettre un frein aux nouvelles invasions qui nous cernaient déjà à l'Orient et au Midi, et aussi pour offrir un aliment moins déplorable à l'humeur brutale et guerroyante des seigneurs, elle engagera ce gigantesque effort de l'Occident contre l'Orient, de la société chrétienne contre la société mahométane, de la civilisation de la croix contre la barbarie du cimeterre.

Nous n'avons pas à faire l'histoire de ces grands mouvements, auxquels se rattache l'histoire universelle du XI.ᵉ siècle. Notre tâche se borne à faire ressortir la part qu'y a prise la Congrégation de Cluny.

II.

Ce n'est pas assez, pour la Congrégation de Cluny, d'avoir été, dans les mains de la papauté, le vivant essai, le modèle en petit de ces grandes choses. Elle a été encore le point de départ et le point d'appui de Rome dans leur exécution.

Si la France a été l'âme des croisades, l'inspiration en appartient à nos contrées de Bourgogne; et, peut-être,

ne nous a-t-on jamais assez rendu justice à cet égard. Le
chemin de la Palestine était connu de nos pères et fré-
quenté par nos pélerins long-temps avant les croisades.
Dès l'an 1027, nous voyons des pélerins du territoire
d'Autun, qui s'en allaient pieusement baiser le tombeau
du Sauveur, et y mourir de bonheur et d'amour[1].
Déjà précédemment, Evrard, après sept ans de séjour
au saint sépulcre, sept ans de vaine attente et de pieux
soupirs[2], s'en revenait de Jérusalem (vers l'an 1000)
cacher ses vertus dans le prieuré d'Anzy. Peut-être ce
seigneur bourguignon, nommé Letbald[3], que les
chroniques nous montrent un des premiers à visiter les
saints lieux, n'était-il autre que Letbald, l'époux
d'Altasie et le fondateur d'Anzy[4]. Un grand mouvement,
précurseur de celui des croisades, se faisait dans cette
portion aujourd'hui ignorée de la Bourgogne, vers la
Jérusalem d'ici-bas, considérée comme la figure et la
porte de celle d'en-haut. Et c'est de la solitude de Saint-
Rigaud, près du vieux Semur-en-Brionnais, et alors
du diocèse de Mâcon, que partira, à son tour, l'illustre
Picard qui ne reviendra de la Terre Sainte que pour

---

(1) *Ann. Bened.*, t. IV, p. 328. L'abbé Richard de Verdun entreprend le
pélerinage de Jérusalem, dans l'espoir d'y trouver une mort semblable à
celle *quorumdam peregrinorum ex territorio Augustodunensi, qui piè in sacris
locis, uti optaverant petiverantque à Domino, nullo ferè dolore spiritum
Deo reddiderant.*

(2) *Acta Sanctor. Ord. S. Benedicti*, t. VII, au 20 avril; *Vitæ Hugonis
Enziacensis*, n.us 24.

(3) Michaud, *Hist. des Croisades*, 6.e édit., t. I, p. 47.

(4) Il y a quelques années, on découvrit, dans l'église d'Anzy, un tombeau
en ciment à double auge et renfermant quelques ossements. M. de Surigny
ne doute pas que ce ne soit le tombeau de Lethald et Altasie, fondateurs du
prieuré d'Anzy.

prêcher la désolation des saints lieux, et y conduire une armée libératrice[1].

Cluny devait comprendre aisément la tristesse et les douleurs de Jérusalem. La rançon de Saint Mayeul[2], tombé jadis aux mains des infidèles, lui avait coûté assez cher, et sa captivité lui avait causé assez d'inquiétudes et d'alarmes pour que le souvenir s'en fût conservé dans les traditions du monastère. Aussi, depuis longtemps déjà, Grégoire VII avait emporté de Cluny la pensée d'utiliser contre les infidèles l'humeur guerrière des chrétiens ; et il l'exprime hautement quelque part, dans une de ses lettres. C'est encore un pape, enfant de Cluny, Urbain II, qui accueillera les doléances de notre Pierre l'Ermite, qui viendra prêcher lui-même la première croisade à Clermont. En s'y rendant, il voudra se retremper dans les traditions de Cluny et

(1) Il y a de quoi s'étonner qu'aucune histoire locale, aucune statistique ne fasse mention de Pierre l'Ermite. Cela prouve qu'on trouve plus commode d'écrire l'histoire avec des auteurs de seconde main, que de recourir courageusement aux sources. « Quo in loco monasticam vitam Petrus Eremita » professus sit, non dilucidè exprimit Guibertus (Guibert de Nogent), cùm » aït *se comperisse eum in superiore nescio quâ parte Galliarum solitariam* » *vitam sub habitu monachico duxisse ;* quod explicatur in *Chronico cano-* » *nici Laudunensis* apud Cangium ladauto, in quo narratur *Petrum Ere-* » *mitam de territorio Ambianensi, primò monachum apud Sanctum Rigaudum* » *in Foresio extitisse.....* De Sancti Rigaudi monasterio diœcesis Matisco-» nensis actum est superiùs. » Telles sont les expressions et les autorités de Mabillon. L'erreur géographique que commet le chanoine de Laon, en plaçant Saint-Rigaud dans le Forez, s'explique par la proximité des limites et par le peu de soins que l'on donnait à l'étude de la géographie. Saint-Rigaud, avec quelques ruines, est situé sur la commune de Ligny, canton de Semur. Ligny était, avant le concordat, de l'archiprêtré de Charlieu et du diocèse de Mâcon. Mabillon ajoute que c'est, sans doute, de Saint-Rigaud que Pierre partit pour aller visiter les lieux saints.

(2) « Mille librarum argenti, » dit Raoul Glaber (lib. I, c. IV). — *Bibl. Clun.*, col. 295. — *Ann. Bened.*, t. III, p. 617.

emmener avec lui au concile le saint abbé Hugues,
qui l'assistera dans cette grande entreprise[1]. Voilà,
sans compter le sang de nos braves et les prédications de
nos moines, voilà notre part dans la résistance à l'invasion musulmane.

Singulière coïncidence ! Le promoteur des croisades
et leur chantre immortel ont dû venir, étrangers l'un et
l'autre et à 700 ans de distance, chercher un refuge sur
notre sol, avant de manifester au monde leur mission
providentielle ! C'est à nos fraîches collines, c'est aux
religieuses populations du Brionnais, que Michaud
persécuté est venu demander à son tour le calme et
l'inspiration dont il avait besoin pour mettre la première
main à sa belle histoire des croisades. Il en a rédigé une
partie notable durant le séjour qu'il fit à Marcigny, au
sein d'une société amie, dont le législateur Polissard et
le modeste auteur de la Gastronomie faisaient le principal ornement.

Le rôle de Cluny est plus apparent encore contre
l'anarchie intérieure. Dès l'an 1031, la Trève de Dieu
était instituée sur les instances de Saint Odilon, ainsi
que nous l'apprend entr'autres Hugues de Flavigny[2].
Ce saint la faisait confirmer en 1041. A chaque page
des chroniques contemporaines, nous rencontrons les
abbés ou les moines de Cluny à Rome, dans les cours,
dans les conciles, appelés ou envoyés par les souverains

(1) « Cui nimirùm concilio (Arvernensi quod per supradictum Urbanum
» Papam celebratum est), per temetipsum interfueras..... » dit Paschal II
à Saint Hugues. (*Bullar. Clun.*, p. 32, 1.re col. vers la fin.)

(2) *Hugo. Flaviniac. Chronic.*, p. 187. — D. Martenne, *Anecdot.*, t. I,
p. 161. — *Ann. Ben.*, t. IV, p. 447.

pontifes, les prélats et les princes, et chargés de ramener la paix par leur éloquence persuasive et par l'ascendant de leurs vertus. Nous en avons vu déjà, et nous en verrons, dans la suite de ce mémoire, plusieurs exemples.

Cluny a donné l'exemple de la centralisation et de la reconnaissance de la suprématie pontificale ; il y a trouvé salut et prospérité en ces jours malheureux. S'il y avait eu erreur ou excès dans les prétentions des pontifes romains, Cluny en assumerait la glorieuse responsabilité. La lutte du sacerdoce et de l'empire a été conçue, engagée, continuée et terminée à l'avantage de l'Eglise, par les Clunistes ou par des souverains pontifes sortis de l'école de Cluny.

Profitant de la liberté qui nous est laissée par le programme, de traiter d'une manière plus spéciale et plus complète le point de vue de notre prédilection, nous consacrerons la fin de notre travail aux démêlés du Sacerdoce et de l'Empire. Dans ce long et terrible combat du Seigneur, la papauté avait besoin d'un point d'appui. Ce rôle appartiendra à Cluny, alors dans la force et la vigueur de sa virilité ; Saint Hugues en sera la plus haute personnification. Nous sommes heureux de pouvoir unir dans le même cadre la grande figure de Saint Hugues et le tableau de la lutte la plus grandiose peut-être que nous offre l'histoire de l'Eglise : l'Eglise est notre mère ; Saint Hugues, par son origine comme par sa vie, nous appartient tout entier.

CHAPITRE II.

COMMENCEMENT DE LA LUTTE DU SACERDOCE ET DE L'EMPIRE.

I.

Issu d'une branche de cette royale famille des ducs d'Aquitaine et de Guyenne, dont le nom remplit le moyen-âge et se rattachait déjà à la fondation de Cluny, Saint Hugues était l'un des enfants du comte Dalmace, toparque de Semur-en-Brionnais, et d'Aremburge de Vergy, sa noble épouse. Il naquit au château de Semur, l'an 1024[1].

Destiné à faire revivre dans l'Eglise et à remettre en honneur dans le siècle la plus difficile et la plus aimable des vertus, il fut montré, quelques jours avant sa naissance, à un prêtre de grande renommée, dans l'action même du sacrifice offert aux intentions de la pieuse mère. La gracieuse image apparaissait au-dessus du calice ; elle semblait puiser son éclat et retremper,

[1] Duchesne, *Généalogies des Maisons souveraines*, in-4.º, t. VI. Maison de Semur.
Du Bouchet, *Histoire généal. de la Maison de Courtenay*, p. 43, in-fol. — Mss. M.

par avance, sa force et sa vertu dans le *vin mystique qui fait germer les vierges*[1].

En vain Dalmace se flatte de voir en lui un digne héritier de sa puissance terrestre. En vain il l'oblige, tout enfant, à se livrer, avec ceux de son âge, aux exercices qui formaient, dès le berceau, les rudes chevaliers de cette époque[2]. Né pour une autre profession, son corps ne se prêtera pas plus aux exercices militaires que sa volonté. Inhabile au métier des armes, incapable de se plier aux habitudes de déprédation, il sera, dès-lors, tout entier à Jésus-Christ. Il saura, fidèle à l'instinct céleste de sa vocation, ouvrir de préférence son âme aux vertueuses et pacifiques influences de sa mère ; se dérober aux regards de son père, pour aller visiter l'église, fréquenter la *maison des Clercs*[3], et s'initier de bonne heure aux vérités éternelles, aux grâces fécondes que recèlent les divines Écritures.

Laissons le détail des vertus de son admirable enfance, la sainte adresse dont il use pour obtenir, en flattant les

---

(1) *Bibl. Clun.*, col. 414.

(2) *Bibl. Clun.*, col. 415, etc.

(3) Voir sur les écoles palatines, cathédrales et rurales, au VII.e siècle, les ch. III et IV de l'*Histoire de Saint-Léger*, par D. Pitra. On sait ce que fit, plus tard, Charlemagne pour les sciences et les lettres. Les ducs d'Aquitaine, qui descendaient de ce monarque, furent fidèles aux traditions paternelles. Même au milieu de la nuit du X.e siècle, l'école hilarienne de Poitiers ne fut pas sans gloire. La branche des ducs d'Aquitaine, qui était venu régner sur le Brionnais, y avait sans doute érigé, au pied du château, une succursale de l'école de Poitiers. Aussi, Rainaud de Semur, neveu de Saint Hugues, dans la Vie de son saint oncle, n.o 1, fait-il mention des écoles de Semur : *ab ipsis pueritiæ suæ rudimentis...., aut Ecclesiæ, aut scholis frequentiùs adhærebat.* Dans l'acte de fondation du Chapitre de la collégiale de Semur-en-Brionnais, en 1274, la *maison des Clercs* est désignée expressément. (*Spicileg.*, t. XII de la 1.re édit.) Alors, l'église de Saint-Hilaire de Semur n'était qu'une chapelle desservie par quatre prêtres. (Mss. M.)

désirs mondains de son père, la permission de se rap-
procher du monastère de Saint-Marcel-lès-Chalon[1],
et, de là, prendre les ailes de la colombe et s'envoler,
à l'insu des siens, et avant l'âge de quinze ans, vers
la bienheureuse solitude de Cluny....

Saint Hugues n'avait que vingt-cinq ans, lorsqu'il fut
élu par acclamation Abbé général de l'Ordre de Cluny
(1049). Le gouvernement des vieillards était remis
aux mains d'un jeune homme. Dieu abrégeait les temps ;
il avait hâte de délivrer son Eglise.

A côté de Hugues, croissait, comme lui, en âge et
en sagesse, un jeune Frère, Toscan d'origine, et dont
on avait vu la main enfantine se jouer avec ces grandes
et prophétiques paroles, qu'il ne comprenait pas : *Il
régnera d'une mer à l'autre ; — dominabitur à mari usque
ad mare* [2]. Hildebrand, chanoine régulier à Rome, avait
pu voir de près les maux de l'Eglise, et il s'était enfui
à Cluny[3], peut-être autant poussé par le découragement
qu'attiré par la renommée de ferveur du grand monastère bourguignon. L'esprit de Dieu le conduisait : c'est
de Cluny que devait venir le salut et l'affranchissement.

Qui nous dira les communications intimes des deux
jeunes élus, leurs vœux ardents, leurs ferventes

---

(1) *Bibl. Clun.*, col. 415, C. « Eo tempore Autissiodorensis Episcopus
» Hugo nomine, Cabilonensem quoque consulatum strenuè gubernabat.
» Hujus causâ B. Hugo, ejus pronepos, vix à patre proficiscendi Cabilonum
» licentiam extorsit. »

(2) Bucelin., *Menologium Benedict.*, 25 Maii. — Baronius, *Annales
Ecclesiastici.*

(3) « Monachum posteà Cluniaci professus...., meruit.... non multò
» post.... prioris.... curam gerere.... » (*Menolog. Bened.*, 25 Maii ; — et
Woigt, *Histoire de Grégoire VII*, form. angl., p. 4. — *Gallia Christ.*,
t. IV, p. 1130, 14.ᵉ *Prieur.*)

prières ? Dès-lors, ils se disaient, dans le silence de la solitude, ce que Hildebrand se plaira à proclamer plus tard, à la face du monde chrétien : « C'est du » chef que doivent partir la réforme et la régénération ; » c'est lui qui doit déclarer la guerre au vice, l'extirper » et jeter les fondements de la paix du monde. » Mais, hélas ! le chef est enchaîné, la vérité est captive, le sanctuaire est envahi par le siècle !.... Toutefois, le jour de la miséricorde approche. La *justice et la paix se sont embrassées*.... Les événements vont se précipiter.

Saint Hugues est assis sur la chaire abbatiale. Hildebrand lui succède dans la seconde dignité, celle de grand-prieur de Cluny. Malgré leur jeunesse, malgré leur amour pour le silence et l'oubli du cloître, les voilà debout, sentinelles vigilantes, dans le camp du Dieu des armées ; les voilà aux postes avancés, tout prêts à se dévouer, tout prêts à engager le grand combat du Seigneur.

II.

L'occasion ne tarde pas à se présenter. Brunon, le saint évêque de Toul, élu à Worms[1], et qui n'avait accepté la papauté des mains de l'empereur Henri III, son parent, que parce qu'il le connaissait personnellement bien intentionné envers l'Eglise et qu'il craignait, par suite d'un refus, de voir renaître ces schismes funestes qui avaient désolé la chrétienté ; Brunon

---

(1) *Chroniques générales de l'Ordre de Saint Benoît*, t. VI, p. 117. — *Hist. de Grég. VII*, par Woigt, angl., p. 10.

s'acheminait vers la Ville Eternelle avec toute la pompe
et tout l'éclat du souverain pontificat, et déjà il se
voyait accueilli partout par de sincères acclamations,
et salué du nom glorieux de Léon IX.

Il arrive en trois jours à Cluny. Saint Hugues, dit
Yépez, rempli du zèle de la gloire de Dieu, et touché
d'un sensible déplaisir en voyant les princes séculiers
disposer du pontificat suprême, vient au-devant de lui
accompagné du grand-prieur Hildebrand. Brunon les
accueille avec une grande cordialité[1]. L'Esprit Saint
met sa grâce dans leurs cœurs et son onction sur leurs
lèvres. Tous deux, à l'envi, représentent au nouveau
pontife, avec une grande liberté, que, les schismes et
les divisions n'étant pas bien apaisés, il serait blâmé de
tous les gens vraiment religieux d'avoir reçu la première
dignité de l'Eglise des mains de l'Empereur qui, étant
laïc, n'avait aucun droit d'en disposer[2]. Que s'il avouait

(1) Nous avons accepté le récit d'Othon de Fressingen, de Platina, de
Mansi, d'Yépez, de Buccelin, et parmi les écrivains de nos jours, de
M. Woigt (*Hist. de Grég. VII, angl.*, p. 11). Il est difficile de se persuader
qu'un pareil récit, accueilli par des autorités aussi graves, soit une invention
ou une erreur de l'évêque de Fressingen, presque contemporain, puisqu'il
était évêque en 1138. Voici les paroles de Platina que nous citons de préférence, à cause de sa concision : « Cui quidem (Leoni IX) Romam pontificio
» habitu petenti, Abbas Cluniacensis et Hildebrandus monachus, Soanâ
» oriundus, obviàm facti, persuasère ut, deposito Pontificali ornatu, Romam
» privatus ingrederetur. » (*Platinæ Cremon. opus, de Vitis Pontif.*, p. 366.)

(2) Au temps de Charlemagne, il y avait eu, entre l'Eglise et l'Empire, des
concessions réciproques fort étendues, et qui avaient d'abord servi également
l'Etat et la religion. Mais depuis un siècle et demi, l'Empire, soit infidélité
aux concordats, soit amoindrissement d'autorité et d'influence, ne savait
plus respecter ses engagements, et voulait néanmoins retenir l'Eglise
enchaînée. De là les désordres effroyables et les excès que nous avons
déplorés. Dieu voulait qu'un vigoureux et persévérant effort vînt y mettre
fin.

qu'il n'était pas encore pape, pòurquoi aller à Rome avec tant de pompe et une suite si nombreuse? Pourquoi recevoir et entendre les ambassadeurs des princes et des villes qui l'envoyaient féliciter sur son exaltation ! Ils lui conseillaient donc, pour son bien et pour le salut de la chrétienté, d'aller à Rome sans faste et sans éclat. Sa modestie frapperait tout le monde et engagerait les cardinaux à l'élire pape, à la recommandation de l'Empereur.

Brunon, qui était d'une sainteté et d'une prudence consommées, goûta ces représentations comme un avis du ciel. Il voyait que la plus grande gloire de Dieu pré-occupait seule les deux religieux. Le ciel même prit soin de les justifier ; et on entendit les anges qui chantaient dans les airs, comme à Bethléem, un cantique de paix : « Ego cogito cogitationes pacis et non afflictionis[1]. » C'était plus qu'il n'en fallait. Brunon congédie tout son cortége, prend avec lui ses deux sages conseillers, et continue, en habit de pélerin, son voyage à Rome, où il entre les pieds nus.

Il importait, dans la circonstance, que Brunon fût élu, et élu par acclamation. Avec lui, la pensée qui devait sauver le monde allait monter sur la chaire apostolique. Aussi, Saint Hugues et Hildebrand, dès leur arrivée, se hâtèrent-ils de disposer favorablement les esprits des cardinaux et du peuple. Ils se plaisaient à faire ressortir les rares qualités dont l'évêque de Toul était orné. L'Empereur était son parent et désirait

---

[1] *Bucelin. Ann. Bened.*, ad annum 1049. — D. Martenne, *Veterum Scriptor. Collect.*, t. V, p. 1003. — Platina, *De Vitis*, p. 366.

sa promotion ; il y allait donc du repos de l'Eglise universelle [1].

Les suffrages unanimes des cardinaux et du peuple vinrent justifier le choix de l'Empereur. Et néanmoins un pas immense était fait vers l'affranchissement de l'Eglise. Une solennelle protestation s'était fait entendre contre une prescription abusive. Les prétentions spirituelles des princes du monde étaient ébranlées jusque dans leurs fondements.

Léon IX aurait bien voulu retenir et fixer auprès de sa personne les deux anges de bon conseil que le ciel lui avait envoyés. Il aimait surtout, dit Yépez, à honorer Saint Hugues [2] dans toutes les occasions et à l'entourer d'un grand respect ; mais il craignait de préjudicier au bien général en enlevant, à une congrégation qui semblait réservée à de si hautes destinées dans un prochain avenir, le père que la providence lui avait si visiblement choisi. Il se rendit donc aux humbles instances du saint abbé de Cluny, pour ce qui le concernait personnellement. Toutefois, il ne put se résoudre à se séparer de Hildebrand [3]. Il le créa successivement abbé de Saint-Paul à Rome, trésorier de Saint-Pierre et cardinal sous-diacre. Pendant vingt ans, à partir de ce jour, Hildebrand sera l'œil et le bras droit des souverains pontifes qui se succè-

---

(1) « At verò, Romanus Clerus, suadente Ildebrando, eumdem Baunonem *(sic)* in Pontificem eligunt. » Platina, p. 366.

(2) *Chroniques générales de l'Ordre de Saint Benoît*, t. VI, p. 118.

(3) Platina, *de Vitis Pontific.*, p. 367 : « Leo.... Ildebrandum.... statim » Sanctæ Romanæ Ecclesiæ diaconum cardinalem creat ; eidemque Sancti » Pauli ecclesiam gubernandam committit, ut quasi consors Pontificii » muneris secum videretur, cùm alter Petri, alter Pauli templum tueretur » et regeret. »

deront ; et il ne perdra pas de vue un seul instant la pensée que Cluny vit éclore, parmi les gémissements et les soupirs des deux âmes les plus pures que l'œil de Dieu pût alors contempler dans son Eglise.

III.

Cependant, Saint Hugues a repassé les monts, l'âme remplie de consolation et d'espérances. Nous l'avons dit, il doit, dans les desseins de Dieu, être, avec les siens, le point d'appui de la Papauté, par ses prières ferventes et par la considération dont il sera entouré. Il doit former les athlètes que nous verrons plus tard sur la brèche et sur le champ de bataille. Il doit jouer le glorieux rôle de conciliateur et d'arbitre envoyé du Ciel, au milieu de ces luttes solennelles que le monde verra éclater plus tard. Aussi, ses relations avec Rome ne seront plus interrompues. Depuis Léon IX, tous les Pontifes qui se succèderont sur la chaire de Pierre entretiendront avec lui les communications les plus intimes, se plairont à lui confier les missions les plus délicates. Il sera leur consolateur dans les peines, leur orateur dans les conciles, à Reims, par exemple[1], où, en présence et sur l'ordre du Pape, il se lève et brille, ainsi que nous l'avons dit, autant par son éloquence que par son humilité (1049).

---

(1) *Acta Concil. ad annum* 1049. — Raynaud et Hildebert, dans la Vie de Saint Hugues. Voici les paroles de Hildebert : « Erat autem illi tanta in » exhortatione gratia, ut ad expectationem sermonis illius illustrium suspen- » derentur animi personarum, undè et jussu Papæ sanctam et plenam habuit » gratiæ orationem.... » (*Bibl. Clun.*, col. 418, E.

D'un autre côté, il tiendra, par sa naissance, par
les royales alliances de sa famille, aux plus illustres
maisons souveraines ; les honneurs seront accordés à
sa vertu. Les rois d'Angleterre et d'Espagne l'aimeront
comme un ami, le vénéreront comme un père[1]. Les
rois de Hongrie et les comtes de Portugal[2] le choisiront
pour arbitre dans leurs démêlés avec leurs voisins. Le
fils du roi de France, Robert, duc de Bourgogne, est
son beau-frère[3]. Le fils de l'empereur d'Allemagne sera
son filleul et son pupille[4]. Dieu veut qu'il soit le
père spirituel de celui qui se fera un jour le fougueux
adversaire de Grégoire VII. La position de Saint Hugues
se dessine ; son rôle se développe davantage de jour en
jour. Mais l'orage est encore loin ; l'horizon continue
à être serein.

Saint Hugues, cependant (1055), assiste au concile
de Lyon, présidé par le légat Hildebrand. Ces deux
élus[5] sont, de jour en jour, signalés à la vénération
des fidèles par les grâces singulières que Dieu se plaît
à faire éclater sur eux, et dont ils se renvoient humble-
ment l'honneur.

L'empereur Henri III meurt (1056). L'impératrice
Agnès répand sa douleur dans l'âme de son *bien-aimé
père, l'abbé Hugues, digne de toute estime et de la plus*

(1) Voir ci-dessus, 1.re partie, ch. V, n.os IV et V.
(2) Pour le Portugal, *Spicilegium*, t. III, in-fol., p. 418 ; pour la
Hongrie, *Bibl. Clun.*, col. 418, A.
(3) *Généalog. des Maisons souveraines*, t. VI. Tableau des ducs de Bourgogne. — Hildebert, dans le *Bibl. Clun.*, col. 430, B.
(4) *Bibl. Clun.*, col. 417, E.
(5) *Annales Ecclesiast.* de Baronius, ad annum 1055.

fidèle affection. Son deuil emprunte les touchantes expressions du prophète : *La joie de son âme est éteinte ; ses chants se sont changés en lamentations, la couronne de sa tête est tombée….* Peu s'en faut qu'elle ne s'en prenne au saint abbé de la mort prématurée de son époux et seigneur, *quem diutiùs in carne servare noluistis….* Elle veut qu'il prie pour lui, pour elle, pour son fils, qui est aussi celui de Hugues, selon la grâce. Elle compte sur les bons offices de l'abbé de Cluny, pour le maintien de la paix et de l'ordre en Bourgogne[1].

Bientôt après (1057), nous le trouvons à Florence, consolant d'autres douleurs, soutenant, par ses paroles et par la grâce qui était en lui, une plus sublime puissance, dans ce moment suprême où toute gloire et toute puissance s'évanouit, où la vertu seule demeure[2]. Le saint pontife Etienne IX subit, entre ses bras, les épreuves de la dernière agonie. C'est par lui seul que le Saint-Père pourra jouir sans effroi de la mort des justes. Dieu ajoute toujours à la considération dont notre saint aura besoin d'être entouré.

Sous Alexandre II, Saint Hugues continue à faire fleurir la science et la sainteté à Cluny. C'est alors (1062) qu'il reçoit de Saint Pierre Damien cette première visite dont nous avons parlé. (Première partie, ch. III, n.°I.) Il soutient, dans le même temps, les priviléges apostoliques de Cluny contre les entreprises violentes de Drogon, évêque de Mâcon[3], moins, sans doute, par

(1) *Spicilegium Dacherianum*, t. III, p. 443.
(2) *Bibl. Clun.*, col. 418, 439, 451.
(3) *Bibl. Clun.*, col. 439, 440, 509, 510.

esprit de vanité ou d'indépendance (sa sainteté et son humilité nous en répondent) que pour faire prévaloir de plus en plus l'autorité prépondérante du centre de l'unité, d'où la chrétienté attendait son salut. Hugues triomphe dans cette lutte si catholique, présidée et jugée par le légat Pierre Damien, avec lequel il était digne de resserrer de plus en plus les liens de la plus intime et de la plus sainte amitié (1063).

IV.

La mort tragique de son père et de l'un de ses frères[1] durent le confirmer dans la pensée que l'ordre et la civilisation ne pouvaient venir que du siége apostolique. Le parricide Robert, duc de Bourgogne, voit, à son tour, son fils cruellement mis à mort par les Auxerrois[2]. La fureur le transporte, il va tout saccager..... Mais tel est l'ascendant de la sainteté, confirmé par la vertu des miracles ! Hugues parvient à amener son beau-frère au concile d'Autun, à désarmer son courroux, à lui faire pardonner l'injure qu'il a

---

(1) ..... « Nam cùm duo milites unum de fratribus ejus interemissent,
» nullusque refugii locus..... » (Vita B. Hug. à Rainaldo, n.º 28.)
« Defuncto autem patre suo quem dux Burgundiæ (Rotbertus) gener ejus
» propriâ manu peremerat..... » (Hildeb. in Bibl. Clun., c. 430.)
L'église de Semur–en–Auxois a été fondée en expiation de ce crime. Le bas-relief de la porte principale en est la représentation.
Voir la gravure et l'explication dans la France historique et monumentale (t. III, planche V, p. 413).
(2) Description du duché de Bourgogne, de Courtépée, Dijon 1775, t. I., p. 141.

reçue, et surtout à inspirer à cette âme indomptée des
sentiments d'humanité et de pénitence (1055)[1].

Bientôt, c'est la famille de l'antique Thaumaturge
des Gaules, c'est le grand monastère de St. Martin[2],
qui fait entendre au-dessus de tous les autres ses cris
de détresse. Comme le passereau gémit sous la griffe
du vautour, ainsi les religieux de Marmoutiers souffrent
et se lamentent sous la tyrannie de Geoffroi-le-Barbu,
comte d'Angers. Telle est la cruauté et l'intensité de la
persécution, que les laïcs eux-mêmes ne pouvaient
concevoir le débordement du comte, qu'ils le maudis-
saient en silence et priaient Dieu pour les pauvres
moines[3]. En vain ceux-ci viennent se prosterner devant
l'orgueilleux despote, et lui demander grâce au nom et
par la charité de Saint Martin. Il les repousse, il se rit
de leur humiliation, insulte à leur douleur et blasphème
le nom vénéré du glorieux soldat de Jésus-Christ.

Il ne reste plus aux pauvres victimes qu'une lueur
d'espérance, c'est la médiation du saint abbé de Cluny.
On le prie; il accourt et vient, à son tour, à la tête
du monastère, se jeter aux pieds du barbare Geoffroi.
Il supplie, il conjure, il pleure; mais, vains efforts!
inutiles larmes!.... Geoffroi, en repoussant avec dédain
l'abbé de Cluny, s'agite avec tant de violence, qu'il

(1) « Tantam mox prædicatio (Hugonis) efficaciam habuit, ut, eo jubente,
» Dux ipse sui mortem filii interfectoribus condonaret, *et Ecclesiæ pacem
reciperet.* »(*Bibl. Clun.,* col. 439.) Les derniers mots n'exprimeraient-ils pas
l'acceptation de la Trève de Dieu?

(2) *Gesta Consulum Andegavensium,* cap. X. Dans le *Spicilegium,* t. III,
p. 258.

(3) « In tantùm.... sæviit persecutio.... ut etiam sæculares homines,
» comitis intemperantiam mirarentur, et, imprecantes comiti, Deum pro
» monachis precarentur. »

brise l'agrafe de son manteau. C'était un signe prophé-
tique ; et le saint, empruntant les paroles de Samuel à
Saül : « Ainsi, dit-il, ô comte, ainsi le Seigneur a
» déchiré aujourd'hui vos états entre vos mains. *Scissum*
» *est à te regnum hodiè* [1]. »

Hugues se retire emmenant avec lui le jeune et vertueux Barthélemy, abbé de Marmoutiers, qui reçut à
Cluny l'onction sacerdotale [2]. Et bientôt après, celui
qui s'était révolté contre Dieu, voit son propre frère
Foulques-le-Réchin se révolter contre lui, usurper ses
états et le jeter dans une étroite prison, où il végètera
plus de trente ans, privé non–seulement de la clarté du
jour, mais aussi du flambeau de la raison dont il avait
si étrangement abusé, objet d'une trop juste pitié pour
ceux même qui avaient été ses ennemis. (1069.)

V.

Cependant les desseins de Dieu vont se révéler pleinement. Voici venir la grande crise du corps social et
religieux. Vingt ans se sont écoulés depuis que la pensée
de Saint Hugues et de Hildebrand, accueillie par Léon
IX, a été déposée au sein de la catholicité, au giron
fécond de la sainte Eglise. Grégoire VII est assis sur la
chaire de Saint Pierre. Henri IV déshonore la majesté
impériale et fait un honteux trafic des biens et des
grâces du sanctuaire. La foudre va gronder au Nord et
au Midi. (1073.)

Saint Grégoire VII !... nom aussi aimable que grand,
s'il eût été moins calomnié, s'il était mieux connu. Mais

[1] 2. Paralip. XIII, 13.
[2] *Gesta Consulum Andegavensium*, cap. X, n. 8 et 9.

la vérité finit toujours par triompher, même sur la terre. Aujourd'hui, la personne et l'idée de Grégoire VII reçoivent l'hommage de tout ce qui a une haute intelligence et un grand cœur [1].

Grégoire écrit à Saint Hugues : les deux anges que Dieu a armés du glaive invisible pour chasser les profanes du sanctuaire, ou plutôt qu'il a oints de l'onction et de la force d'en-haut pour les combats de la vertu, se donnent de nouveau la main [2]. Grégoire s'étonne que son ami ne soit pas encore venu à Rome, depuis son exaltation.... C'est que l'ambition n'est pour rien dans la conduite du saint abbé de Cluny. Toutefois il coopère efficacement à la grande œuvre, et par ses prières, et en initiant aux desseins du ciel pour le salut du monde ses admirables religieux, au milieu desquels croissaient, sous l'œil de Dieu, trois pontifes suprêmes, destinés à continuer un jour et à mener à son terme la noble cause de l'affranchissement de l'Eglise, prélude de l'affranchissement des peuples.

C'est alors qu'on vit combien la pensée de Grégoire VII était chère au cœur de Saint Hugues, et combien

(1) Témoins les travaux historiques de MM. Woigt, Néauder, Ranck, Hurter, Newmann, etc. Ces deux derniers ont fait plus que rendre hommage à la vérité ; ils se sont donnés eux-mêmes, et ont tout sacrifié pour embrasser les saintes austérités du catholicisme. Voici ce que dit M. Woigt (*Hist. de Grég. VII*, format angl., p. 8) : « Le plan de Hildebrand était de séparer » l'Eglise de l'Etat, le pouvoir spirituel de la puissance temporelle ; d'élever » l'un au-dessus de l'autre ; de rendre le Pape indépendant de l'Empereur ; » d'assurer même au premier la supériorité sur le dernier ; et, par cette » indépendance, faire naître l'unité, et développer dans l'Eglise une réforme » qui s'étendît sur toute la chrétienté et qui procurât le salut du genre » humain. Certes, personne ne pourra révoquer en doute ce qu'il y avait de » grand, de sublime et de saint dans un pareil projet ! » M. Woigt, on le sait, appartient au protestantisme allemand.

(2) *Acta Concil.*, edit. reg., t. VI, col. 1242.

le magnanime Pontife comptait sur le pieux abbé. Il
lui parle à cœur ouvert et lui communique toutes ses
angoisses sur les tribulations de la religion, sur les
maux sans nombre et sans mesure de la société chrétienne. « Il voit l'Eglise d'Orient, séduite par l'esprit
» de ténèbres, se détacher sans retour du centre de la
» vérité. Quand sa pensée parcourt l'Occident, du Nord
» au Midi, à peine trouve-t-il quelques évêques élus
» canoniquement, dont la vie soit irréprochable ; qui
» gouvernent le peuple de Dieu pour l'amour de Jésus-
» Christ, et non selon l'esprit du siècle. Parmi les
» princes de la terre, il n'en connaît pas un seul qui
» ne sacrifie la gloire de Dieu à sa vaniteuse ambition,
» la justice à son insatiable cupidité. Parmi les peuples
» au milieu desquels il est condamné à vivre, Romains,
» Lombards, Normands, il leur a dit souvent avec
» larmes, il ne craint pas de répéter qu'ils sont pires
» que les Juifs et les païens. Aussi, une douleur
» immense l'environne et une tristesse universelle. Si
» le saint abbé en connaissait l'étendue, la compassion
» le porterait à répandre devant Dieu ses larmes avec
» ses prières, et à supplier le miséricordieux Jésus de
» le délivrer à la fois de ses souffrances et de sa
» mourante vie (an 1075) [1]. »

L'humble religieux était donc l'ange consolateur que
Jésus donnait à son vicaire, dans cette douloureuse
agonie, au milieu de ce chaos ténébreux. C'est sur le
cœur du pieux abbé qu'il reposait ; c'est sur son bras
qu'il s'appuyait, après Dieu ; c'est la prière de Saint
Hugues et de ses religieux qui soutenait Grégoire VII.

___

[1] *Acta Concil.*, t. VI, col. 1297, anno 1075.

Le Pontife ne craindra pas de proclamer, à la face du monde, cette confiance dont il donnait, dans l'intimité, des marques si touchantes à Saint Hugues. Au concile Romain (1077), il élève la voix en faveur et à la louange de Cluny. « Il signale cette glorieuse circons-
» tance que tous ses abbés ont été élevés aux honneurs
» de la canonisation ; et que, au moment encore où il
» parle, il n'y a pas au-delà des monts, il n'y a pas
» dans le monde entier de monastère qui puisse rivaliser
» avec Cluny, en ferveur et dans le service de Dieu,
» c'est-à-dire dans la défense de la sainte Eglise, dont
» ils ont généreusement embrassé la cause. Il est inoui,
» ajoute le Pontife, qu'on ait vu un seul de ses religieux
» se montrer indigne d'une telle mère et courber le
» genou devant Baal. Mais, toujours jaloux de l'honneur
» et de la liberté de l'Eglise romaine, ils ont noblement
» soutenu son autorité, et n'ont jamais reconnu d'autre
» puissance que celle du B. Pierre. » Grégoire confirme
ensuite les immunités de Cluny, aux applaudissements
unanimes du Concile. Puis il associe Saint Hugues à
Hugues, évêque de Die, son légat, et à l'archevêque
Manassès, de Reims ; et il termine l'éloge qu'il fait du
saint abbé par ces paroles : « Nous attendons avec
» confiance la miséricorde du Seigneur, et tous ses
» antécédents nous assurent que nulles sollicitations,
» nulles faveurs, nul crédit, en un mot, aucune
» acception de personnes, ne pourra le faire dévier du
» droit chemin [1]. »

_____

(1) *Bullar. Clun.*, p. 21. — *Ann. Bened.*, t. V, p. 115.

CHAPITRE III.

LUTTE DU SACERDOCE ET DE L'EMPIRE, DEPUIS GRÉGOIRE VII JUSQU'A LA MORT DE HUGUES.

I.

En louant Saint Hugues, Grégoire faisait, sans y songer, son propre éloge. Jamais homme ne tint moins compte des considérations personnelles. Sa confiance en Dieu égalait sa fermeté dans l'accomplissement d'un devoir. On le vit bientôt, dans ses tristes démêlés avec l'empereur Henri IV.

Il ne nous est pas possible de rapporter ici en détail les schismes et les persécutions par où l'Eglise dut passer pour en sortir, comme l'or du creuset, plus belle et plus forte. Nous ne dirons pas les phases diverses, les longues péripéties de ce drame vraiment sublime, où s'agitaient, contre les mortelles étreintes d'un génie mauvais et opiniâtre, la Religion et l'Humanité, dont les intérêts les plus essentiels étaient également menacés. Laissons Henri traduire les Saxons au tribunal de Grégoire ; les Saxons, à leur tour, accuser Henri de simonie et d'autres crimes de lèse-société ; Grégoire avertissant le monarque, employant en vain les prières, les larmes et les menaces, puis enfin lançant l'anathème contre un prince qui se joue également de la conscience publique et de la religion. Henri allait ajouter la violence au mépris. Mais on sait ce qui arriva ! — Ce qui arrive toujours aux contempteurs de l'autorité maternelle de la sainte Eglise. Il était maudit comme Chanaan, comme Chanaan, il fut malheureux. Naguère arrogant jusqu'à se montrer intraitable, aujourd'hui timide et faible jusqu'à la bassesse, nous le voyons se traîner à Canosse [1], aux portes du Pontife, avec une telle exagération de promesses et de supplications qu'il est impossible de croire à sa sincérité. En effet, à peine le Pontife l'a-t-il relevé, et, par l'autorité de sa parole, raffermi sur le trône d'où il était tombé, que le parjure suscite [2] l'anti-pape Guibert, assiége et prend Rome, et oblige Grégoire à se réfugier à Salerne, où il meurt, en disant ces courageuses et immortelles paroles, imitées de l'Ecriture : *J'ai aimé la justice, j'ai haï l'iniquité ; voilà pourquoi je meurs en exil* (1085) [3].

II.

Que faisait cependant le saint abbé de Cluny ? Abîmé dans sa douleur, il multipliait auprès de Dieu ses prières et ses pénitences ; auprès du Pontife, ses encouragements

---

(1) Platina, *De Vitis Pontificum*, p. 381, 382.
(2) *Annal. Bened.*, t. V, p. 190, C.
(3) *Ann. Ben.*, t. V, p. 213. — Baronius, ad annum 1085.

et ses consolations ; auprès de l'Empereur, ses bons offices de père spirituel et de conciliateur. Il le pressait de rentrer dans les sentiers de la justice et de la piété ; de se soumettre à la voix du pontife suprême réclamant, au nom du ciel, les prérogatives sacrées et inaliénables de la sainte épouse du Christ.

Henri, dans la prospérité, se jouait de tous les conseils ; puis, dans les mauvais moments, il revenait à l'abbé de Cluny, lui faisait entendre ses pleurs et ses gémissements facilement exagérés. Touché de ces démonstrations, se souvenant qu'il était père par adoption spirituelle, Saint Hugues accourait, se faisait caution pour lui, obtenait son absolution et sauvait sa couronne toujours prête à lui échapper [1].

Ce n'est pas seulement auprès de Grégoire VII, c'est auprès de ses successeurs que Saint Hugues prodiguera les soins les plus tendres, les efforts les plus généreux pour sauver à Henri les biens du temps et ceux de l'éternité. Mais son indigne filleul oubliait aussi vite ses engagements les plus solennels. Et quand son propre fils, nouvel Absalon, se déchainera contre lui, il n'aura pas honte de revenir toujours aux larmes et aux protestations ; il lui faudra de longues pages pour répandre aux pieds de Saint Hugues l'expression emphatique de ses nouveaux malheurs [2], jusqu'à ce que, enfin, lasse de tant d'iniquités et de faiblesse, l'Allemagne humiliée

---

[1] « Denegatum ingressum æquo animo tulit, aut tulisse dissimulavit....
» In suburbio quidem oppidi *(Canossi)* triduò immoratus,.... continuò
» veniam petens, tandem rogatu.... Cluniacensis abbatis introductus absol-
» vitur. » (Platina, *De Vitis Pontific.*, p. 382.)

[2] *Spicilegium*, t. III, in-fol., p. 441.

se donne avec ses seigneurs au fils rebelle de celui qui s'était.si souvent révolté contre sa mère la sainte Eglise. Dieu est juste et saint, il n'encourage pas l'iniquité, mais il fait servir la méchanceté exceptionnelle de quelques hommes à l'accomplissement de sa justice souveraine. Alors le monde vit quelque chose de pire et de plus misérable, peut-être, que le triste châtiment du comte d'Angers[1]. Réduit aux dernières extrémités, pauvre, errant, sans secours, le fils et successeur des Césars, qui avait si long-temps vendu au plus offrant les évêchés et autres bénéfices ecclésiastiques, était aux pieds de l'évêque de Spire, le suppliant, pour toute faveur, de lui accorder une prébende laïque dans son église ; et il faisait valoir ses titres à cet humble office : il avait étudié autrefois, il savait chanter, il ferait avec assiduité le service de lecteur et de sous-chantre. Puis, il allait mourir à Liége, non en empereur, mais en réfugié, et son cadavre devait rester cinq ans sans sépulture [2] !

III.

Reprenons les événements qui tiennent à Saint Hugues et à Cluny, où nous les avons laissés, à la mort de Grégoire VII. La lutte n'était pas terminée, mais le coup mortel était porté à l'usurpation sacrilége des droits divins et des prérogatives spirituelles du sanctuaire.

Victor III (1085) garde la position que son prédé-

(1) Ci—dessus, n.° IV.
(2) *Ann. Bened.*, t. V, p. 486. Baronius, ad annum 1106.

cesseur lui avait faite, ou plutôt à l'Eglise, au prix des travaux et des amertumes de sa vie entière. Victor, de moine de la Cava[1], était devenu abbé du Mont-Cassin. Par sa vertu et son noble caractère, il ressemblait beaucoup à Saint Grégoire, qui l'avait désigné pour occuper, après lui, le trône du prince des Apôtres. Il était lié aussi d'une étroite amitié avec Saint Hugues. L'abbé de Cluny l'était venu visiter au Mont-Cassin, et avait contracté avec lui une religieuse communauté de prières et de bonnes œuvres, à la vie et à la mort[2]. L'abbé du Mont-Cassin avait été initié à l'admirable projet de la délivrance ; et déjà on l'avait vu porter aux pieds de Henri IV ses prières et ses courageuses protestations[3] contre la création scandaleuse de l'anti-pape Guibert. Elevé sur le siége apostolique, un de ses premiers actes fut de confirmer tout ce qu'avait fait Grégoire VII, et de renouveler le décret contre les investitures laïques[4]. Toutefois, il nous est glorieux de le répéter, c'est la grande Congrégation de Cluny qui avait reçu la mission providentielle de sauver le monde. Aussi, le passage de Victor ne fut que de deux ou trois ans, après lesquels nous voyons reparaître sur la scène les enfants de Saint Hugues.

Le premier est Urbain II (1088-1099). Odon, de Châtillon-sur-Marne, avait été, en religion, disciple de Saint Hugues, frère et intime ami[5] de Hildebrand, à

(1) *Ann. Bened.*, t. IV, p. 317.
(2) Chronica Cassinensis, p. 395, ch. LI.
(3) *Annal. Ben.*, t. V, p. 171, 181.
(4) *Ann. Bened.*, t. V, p. 237.
(5) Chroniques générales de l'Ordre de Saint Benoît, t. VI, p. 118.

Cluny. Nommé, par Grégoire VII, cardinal évêque d'Ostie,
il avait, sous les ordres et la direction du grand Pontife,
entrepris des travaux sans nombre, rempli avec courage
et non sans gloire les légations les plus importantes.
Recommandé au sacré Collége par Grégoire VII, d'abord;
puis, désigné par Victor III, il fut élu Pape, et dut
accepter une couronne qui était redevenue, comme à
l'origine, comme aujourd'hui, la couronne d'épines.
Jaloux de servir la sainte Eglise de Dieu et la société
chrétienne, il commença, lui aussi, par approuver
solennellement ce qu'avait fait[1] le saint pontife Grégoire.
Il sut opposer une constance invincible à tous les efforts
des schismatiques. Il convoqua un très-grand nombre
de Conciles, chassa de Rome l'anti-pape Guibert, dut
excommunier, à son tour, le malheureux Henri IV, qui,
se flattant, sous ce nouveau Pontife, de faire rétrograder
la sainte réforme entreprise par l'Eglise, venait réclamer,
une fois encore et par les mêmes moyens, le droit des
investitures, source de tant de vénalité et de tant de
maux. Mais la tombe de ce prince est fermée.

La gloire des cheveux blancs avait remplacé, dans
Saint Hugues, les grâces angéliques du jeune âge. Il
n'aspirait plus, désormais, qu'à se préparer au moment
suprême. Il avait assez travaillé, ce semble, pour qu'il
lui fût permis de ne plus prendre une part aussi active
aux grandes affaires de l'Eglise. Du reste, c'était toujours
la pensée et l'esprit de Cluny qui devaient être la règle
de la papauté. Urbain, dès la première année de son
pontificat, lui en avait donné l'assurance. Ce pontife

(1) *Ann. Bened.*, t. V, p. 249.

lui écrivait avec une touchante familiarité et un grand abandon de cœur[1]. *Il se reconnaît débiteur envers lui et son monastère, non-seulement parce que c'est Saint Hugues qui l'a initié à la vie religieuse, parce que c'est dans son monastère qu'il a été régénéré une seconde fois par la grâce du Saint-Esprit, mais surtout à cause de son dévouement sans bornes à la chaire de Saint-Pierre,* à cause des services rendus à l'Eglise. Et c'est pourquoi il confirme de son propre mouvement et augmente encore les nobles priviléges de sa mère. Il va plus loin ; il voudrait jouir, à Rome, de la présence du saint abbé, s'il était possible. Il veut au moins qu'il lui envoie quelques-uns de ses Religieux, dans lesquels il puisse contempler l'image de ses vertus.... Bientôt il passe les monts, et arrive lui-même à Cluny, tout occupé alors à la grande basilique des glorieux apôtres Pierre et Paul ; et, avant que l'édifice fût achevé, il en consacra[2] le maître-autel (1095) ; et, dans ce jour mémorable, il adressait aux cardinaux, aux évêques, aux abbés, aux princes et au peuple présent à la solennité, un discours que nous avons encore, et dans lequel il ne cherchait ni à comprimer, ni à dissimuler son saint et affectueux enthousiasme. Après quoi, emmenant, comme nous l'avons dit, le vénérable abbé de Cluny, il s'acheminait (1096) vers Clermont en Auvergne, où la croix allait

(1) *Bullar. Clun.*, p. 22, 23. — *Bibl. Clun.*, col. 514, 515. C'est la bulle d'où la citation est tirée. Déjà, précédemment, Urbain II avait écrit à Saint Hugues pour lui notifier son avènement et lui faire connaître les circonstances de son élection. Cette lettre du Pontife manque au *Bullarium Clun.* et dans le *Bibl. Clun. ;* mais elle nous a été conservée par Mabillon. (*Ann. Bened.*, t. V, p. 251.)

(2) *Bibl. Clun.*, col. 518 et suiv. — *Bullar. Clun.*, p. 25, 1.re col.

être solennellement arborée, comme l'unique signe de ralliement contre les nouveaux barbares qui menaçaient l'Occident, comme l'instrument ancien et toujours nouveau du salut du monde. Après avoir offert cet aliment à l'énergie des croisés, il parvenait encore à enchaîner la fougue et les emportements des princes qui demeuraient chez eux, en leur faisant accepter définitivement l'admirable et paternelle institution de la *Trève de Dieu*, dont l'idée, nous l'avons dit, appartient à Saint Odilon. Puis il mourait (1099), dit Bucelin, « plein de gloire,
» après avoir rétabli l'ordre dans la société, apaisé
» les séditions, recouvré les immunités de l'Eglise,
» gagné tous les cœurs, rétabli la paix si long-temps
» exilée, et procuré à l'Eglise catholique des jours plus
» sereins[1]. »

IV.

Un autre enfant de Cluny paraît sur la chaire pontificale. Paschal II s'empresse d'essuyer les larmes de Saint Hugues, et de confirmer, à son tour, les franchises et les priviléges de sa mère en religion, *à cause de son dévouement à toute épreuve au siége de Pierre. Il veut que tous les archevéques et évêques des Gaules sachent que les pontifes romains tiennent à Cluny comme à la prunelle de leur œil* [2].

Mais, pendant que Saint Hugues est occupé à

---

(1) Bucelin., *Ann. Ben.*, *ad annum* 1099.
(2) « Cluniacense Cœnobium ab ipso fundationis exordio....., Romani » Pontifices tamquàm oculi sui pupillam custodientes..... » *Bullar. Clun.*, p. 33, 1.re col.

recueillir ces témoignages de la bienveillance pontificale, à achever la maison de gloire qu'il élève au Seigneur, sous le nom réuni des bienheureux apôtres Pierre et Paul, et à entretenir l'huile sainte dans tous les cœurs, l'Angleterre était le théâtre d'une lutte nouvelle, soutenue par le grand Anselme de Cantorbéry, l'ami d'enfance du B. Lanzon[1], et qui avait lui-même hésité autrefois entre le Bec et Cluny. Guillaume-le-Roux, se faisant le triste écho des fureurs impériales, avait entrepris d'étendre son sceptre sur le sanctuaire, et de gouverner les choses du Ciel comme celles de la terre. Les temps de cette profonde et sacrilége humiliation n'étaient pas encore venus pour l'île déjà bien déchue des anges et des saints.

« Dieu n'aime rien plus au monde que la liberté de » son Eglise ; il ne veut pas d'une servante pour » épouse[2]. »

Telles sont les magnanimes paroles qu'Anselme osait écrire au roi ; tel est le sens de la persécution qu'il endurait, soutenu par les applaudissements et les conseils de deux souverains pontifes sortis de Cluny, Urbain II et Paschal II ; telle fut la cause du double exil qui procura à notre France le bonheur de jouir du saint confesseur et la faveur insigne de ses bénédictions.

Heureuse la province Lyonnaise qui le posséda pendant plus de deux ans[3] ! Heureux Cluny, qui reçut

(1) Eadmer, Vita B. Anselmi Cantuar., *dans les Bolland.* Aprilis, t. II, p. 867.
(2) « Nihil magis diligit Deus in hoc mundo quam libertatem Ecclesiæ » suæ.... Liberam vult esse Deus sponsam suam, non ancillam. » (Ep. IV, 9.)
(3) Vie du Saint, par Eadmer.

plus d'une fois sa visite, plus d'une fois put goûter les charmes de sa conversation toute céleste! Et le saint athlète de la foi oubliait là ses amertumes et ses souffrances; il avait sous les yeux une image du ciel, et sa bouche ne pouvait s'ouvrir que pour parler le langage des anges, et bégayer quelque chose *de la béatitude céleste* [1].

L'exil de Saint Anselme n'était qu'un épisode du grand drame dont le rôle principal appartenait à Cluny. Aussi Saint Hugues était-il, pour le saint pontife, plein d'amour et de vénération. Il l'accueillait avec piété et bonheur; il ne le quittait plus un seul instant; il le consolait, comme savent faire les saints, ouvrait à sa sœur, vouée aussi à l'exil, l'heureux asile de Marcigny [2].... C'est là que nos deux saints étaient réunis le 1.er août de l'an 1100. Jour mémorable! jour de justice divine! Le persécuteur d'Anselme, Guillaume-le-Roux, dans une partie de chasse, était, par une fatale méprise, atteint au cœur d'une flèche, et laissait tomber sa couronne aux mains de Henri, son frère, dont la première pensée était d'essuyer les larmes de l'Eglise de Cantorbéry, et le premier acte de rappeler Anselme [3].

Circonstance vraiment remarquable et qui confirme

---

(1) C'est à Cluny que Saint Anselme composa, et adressa aux Frères, réunis dans la salle du Chapitre, son beau livre *de Beatitudine cœlestis patriæ*. (D. Anselm. Opera, édit. Raynaud, ad calcem.)

(2) *Spicileg. Dacher.*, III, p. 434.

(3) Eadmer nous apprend qu'en quittant Marcigny, Saint Anselme alla visiter la Chaise-Dieu (dioc. de Clermont). Il y reçut le courrier et la lettre de Henri, le nouveau roi. Ce prince commençait ainsi : « Scias, Pater cha-
» rissime, quòd frater meus Rex Guillelmus mortuus est..... Requiro te
» sicut Patrem, cum omni populo Angliæ, quatenùs.... quàm citiùs poteris,
» venias. » (D. Anselm. Opera, Epist. III, 41.)

bien le rôle que nous assignons à la Congrégation de
·Cluny, dans ces mémorables débats ! · C'est à Saint
Hugues, au rapport unanime des contemporains, que
la vengeance céleste fut révélée, à Marcigny. C'est lui
qui, le jour même du malheur, était subitement rempli
de l'esprit des prophètes, interrompait brusquement la
pieuse conversation qu'il entretenait avec Anselme, en
présence des frères Baudoin, Eustache, Emery et
Eadmer ; et il déclarait hautement que *le roi d'Angleterre venait d'être traduit au tribunal de Dieu, jugé et
condamné sans appel* [1]. Et parmi les historiens conscien-
cieux qui rendent hommage à la vérité de ce fait, se
trouve un des témoins de cette scène imposante,
Eadmer, le confident et l'historien de Saint Anselme,
qui raconte ce qu'il a vu et entendu, et son témoignage
est vrai. Comme si rien n'eût dû se faire pour l'affranchissement de l'Eglise sans que Saint Hugues y fût pour
quelque chose, sans que le nom de Cluny s'y trouvât
mêlé.

. L'archevêque de Cantorbéry n'eut d'abord qu'à se
féliciter de la sagesse et des bons procédés de Henri.
Mais bientôt, sans doute, quand celui-ci se crut affermi
sur le trône, la paix fut compromise de nouveau, parce
que, dit Bucelin, *Anselme, généreux défenseur de la
liberté de l'Eglise, ne savait point flatter les rois, et
s'opposait à leurs empiétements sacrilèges* [2].

[1] Hildebert et le moine Hugues rendent compte, comme Eadmer, de
cette scène imposante. (*Bibl. Clun.*, col. 421 et 441.)

[2] *Ann. Ben.*, ad annum 1100 : « Verùm turbatâ quamprimùm pace,
» cùm acerrimus Ecclesiasticæ libertatis assertor Anselmus, adulari reges
» nesciret, sed impiæ ambitioni obvius iret..... »

La France put donc revoir encore une fois le saint confesseur ; Rome de nouveau fit entendre sa voix apostolique : Anselme, rappelé sur son siége, eut le bonheur de voir le monarque revenir à de meilleurs sentiments, et la gloire de terminer, de concert avec lui, au concile de Londres, la querelle des investitures en ce qui concernait l'Angleterre (1108)[1].

V.

La nation française était demeurée fidèle à la papauté, dans ces temps malheureux. Et, toutefois, Urbain II et Paschal II eurent à gémir profondément sur la conduite adultère du roi Philippe I.er Dix ans entiers, ce prince, plus faible que méchant, avait maintenu Bertrade, femme de Foulques d'Anjou, à la place de la reine Berthe, sa légitime épouse. L'Eglise n'a pas deux poids et deux mesures : sa voix redoutable vint inquiéter les honteux plaisirs du roi. A la fin, ce monarque indolent ressentit quelques velléités d'une sérieuse pénitence. Il en écrivit à Saint Hugues, lui donnant à penser qu'il n'était pas éloigné d'abdiquer la couronne pour embrasser les saintes rigueurs du cloître (1107)[2]. Ce qui n'a pas peu contribué à faire rentrer le monarque en lui-même, c'est la vue des jugements de Dieu accomplis d'une manière si éclatante et si terrible sur le roi d'Angleterre et tout récemment sur le malheureux Henri IV. Décidément, l'anathème ne portait pas bonheur !

(1) Labb. Concil. ad annum 1108.
(2) *Spicilegium*, t. III, p. 443 et suiv.

Du fond de sa retraite, Hugues lui répond avec une liberté tout apostolique et les expressions de la plus franche amitié. Sa position, ses cheveux blancs et les liens de famille lui permettaient cette sainte indépendance. Il terminait ainsi cette remarquable allocution :

« O Roi, digne d'être aimé, ouvrez pleinement votre
» âme à la crainte du Seigneur. Prenez le parti le plus
» sage et le plus sûr, de peur que (Dieu nous en
» préserve!) nous ayons la douleur de vous voir finir
» comme les princes dont nous venons de parler. Hélas!
» les périls qui environnent notre vie sont sans nombre;
» la mort se présente sous toutes les formes, et il est
» terrible de tomber entre les mains du Dieu vivant!
» Donc, changez de vie, corrigez vos mœurs; appro-
» chez-vous de Dieu par une vraie pénitence ou une
» parfaite conversion. Or, cette pénitence, cette con-
» version, nous ne connaissons point de voie plus facile
» et plus sûre pour y arriver, que la profession monas-
» tique. Nous voudrions pour vous cette heureuse pro-
» fession; nous vous la souhaitons de toute notre âme.
» Voici que les princes des Apôtres, les juges des
» empereurs, des rois et des peuples, les bienheureux
» Pierre et Paul sont prêts à vous recevoir dans cette
» maison qui est la leur, et que nos pères ont appelée
» l'asile de la pénitence. Nous sommes prêts à vous y
» offrir une réception royale, à vous y traiter en roi,
» à vous y servir comme un roi, et à supplier humble-
» ment pour vous le Roi des Rois, afin que, vous voyant
» de roi devenu moine pour l'amour de lui, il vous
» rétablisse roi, un jour, non plus sur un petit et misé-

» rable coin de la terre, non plus pour un peu de temps;
» mais qu'il vous fasse régner éternellement avec lui
» dans la bienheureuse immensité des cieux. Ainsi
» soit ! »

Les pieux désirs du roi Philippe, ses projets de sanctification, comme il arrive d'ordinaire aux hommes qui
ont vieilli dans les passions charnelles, furent tardifs ou
peu efficaces. Le monarque, avant d'avoir abandonné
volontairement son royaume terrestre, se le vit enlever
l'an 1108. Toutefois, ce qu'il avait négligé de faire
vivant, il voulut, dans un sens, l'exécuter après sa
mort; et sa dernière volonté fut d'être enseveli au
monastère de Fleury-sur-Loire[1].

Voilà un monarque que Saint Hugues exhorte à
embrasser la vie monastique[2]. Déjà il avait reçu à
Cluny son neveu Hugues I.er, duc de Bourgogne, malgré
les avis de Grégoire VII qui s'en plaint vivement. Nous le
voyons, au contraire, conserver à l'amour de ses peuples
Alfonse VI d'Aragon[3] et l'obliger à garder sa couronne
dans le temps où ce roi voulait venir prendre le froc à
Cluny. Ces faits opposés les uns aux autres s'expliquent
par la considération du bien public que notre Saint ne
séparait jamais de la sanctification des individus et de la
splendeur même de Cluny.

Philippe I.er, trop compromis par l'éclat de ses
scandales, pouvait, sans inconvénient pour la société

---

(1) Bolland. 28 Aprilis, *Commentarius prœvius ad Vit. S. Hugonis*, n.º 10.
(2) Grégorii VII, epist. in *Act. Conc.*, t. VI, col. 1409.
(3) Bertholdus Constant. apud *Ann. Bened.*, t. V, p. 316. « Qui etiàm
» jamdudùm se ibidem monachum fecisset, si Dominus Abbas eum sub
» sæculari habitu retinere non satiùs judicaret. »

française, abdiquer en faveur de son fils Louis-le-Gros,
arrivé à la maturité de l'âge, et dont la popularité et
les qualités éminentes promettaient un règne glorieux
à la France.

Hugues Ier était sans enfants ; en le recevant à la
profession religieuse, son saint oncle épargnait au duché
de Bourgogne une phase toujours périlleuse, et faisait
passer sans bruit et sans secousse la couronne ducale
dans la ligne collatérale, en la personne d'Eudes Ier
dit Borel.

Il n'en était pas ainsi du côté d'Alfonse. L'esprit de
foi, la haute intelligence de ce monarque, sa jeunesse,
sa maturité dans le conseil, sa vaillance dans les combats
promettaient à ses peuples de longs et éminents services
que Saint Hugues n'aurait voulu à aucun prix leur
ravir. Le véritable esprit religieux sait tenir compte
des intérêts sociaux et politiques des empires ! Saint
Odilon et le souverain Pontife l'avaient compris comme
Saint Hugues, lorsqu'ils rendaient au siècle et au trône
de Pologne le diacre Casimir.

VI.

Du côté de l'Allemagne, le grand drame avait encore
à subir d'affligeantes péripéties. Mais Dieu ne permit
pas que Saint Hugues en vît le glorieux dénouement.

Saint Hugues, avant de mourir sur la cendre et le
cilice, dans la chapelle de la Vierge, où il s'était fait
porter, voulut qu'on plaçât devant lui la châsse de Saint
Marcel, pape et martyr. Sans doute, c'était un don

sacré offert à sa piété par quelqu'un de ces pontifes qui l'avaient long-temps salué du nom de père. Une chapelle particulière était destinée à ce gage vénéré, dans la grande basilique des apôtres Pierre et Paul. Il voulait, une fois encore, prendre le saint martyr à témoin de son dévouement au Siége apostolique. Il n'avait vécu que pour son exaltation, il voulait mourir sous sa protection, *et il priait avec larmes son pieux avocat, afin que, sous sa garde, après un long exil, la patrie lui fût rendue* [1]. Il mourut le 28 avril 1109.

Au même instant, un saint abbé voyait, dans une vision, deux lits magnifiquement parés s'élever ensemble vers les cieux, portés par la main des anges, et, sur ces lits, deux Saints d'une ravissante beauté. Et il entendait, dans les hauteurs célestes [2], des voix qui chantaient : « Couple béni ! ils ont su se vaincre eux-» mêmes et réformer leur siècle ; et, pour récompenser » leurs mérites, nous les avons fait asseoir sur des lits » étincelants d'or. » C'était, ajoute l'auteur de la légende, l'âme d'Anselme de Cantorbéry et celle de l'abbé de Cluny. Unis pendant la vie au service de la même cause [3], ils ne devaient point être séparés à la mort. Et, plusieurs siècles après, un moine allemand, fidèle aux traditions du cloître, les faisait de nouveau apparaître ensemble dans ses *Annales Bénédictines*, sous l'année 1109, lorsqu'il écrivait : « Cette année vit

---

(1) Hildebertus, *in Bibl. Clun.*, col. 436, B. Cette relique, doublement insigne, appartient aujourd'hui à la cathédrale d'Autun.

(2) Raynaldus, apud Bolland., 28.ª aprilis, n.° 30.

(3) *Bibl. Clun.*, col. 438, B.

» s'éteindre, à la fois, deux astres qui ont éclairé le
» monde, les Saints Anselme, archevêque de Cantor-
» béry, et Hugues, abbé de Cluny, dont le monde
» entier, aujourd'hui encore, contemple la sainteté avec
» admiration[1]. »

(1) Bucelin. *An. Ben.*, ad annum 1109.

CHAPITRE IV.

FIN DE LA LUTTE. — TRIOMPHE DE L'ÉGLISE.

I.

Dieu avait épargné à Saint Hugues la douleur de voir la lutte recommencer plus terrible du côté de l'Allemagne ; lutte acharnée de la part de Henri V, comme un suprême effort !... déchaînement qui, par sa violence même, annonçait le prochain dénouement de ce drame dont Cluny avait vu l'ouverture aux premières années de notre Saint, lorsqu'il conversait familièrement avec Hildebrand, lorsque, ensemble, ils allaient à la rencontre de Brunon de Toul.

Timide et réservé tant que vécut le malheureux Henri IV, le barbare Henri V fit bientôt connaître que la révolte d'un fils contre son père ne peut être inspirée par un amour sincère de l'Eglise[1]. Il passe les monts (1110), pour se faire couronner par le pape. Paschal II exige auparavant qu'il renonce au prétendu droit des

[1] Platina, *De Vitis Pontific.*, p. 412.

investitures. Henri, furieux, fait arrêter le Pape et massacrer les clercs et les religieux qui avaient été au-devant de ce prince avec des démonstrations d'attachement et de respect. Les Romains révoltés font main-basse à leur tour sur les Allemands, et obligent l'Empereur à s'éloigner de Rome. Mais il emmène, en se retirant, son auguste captif, l'accable de mauvais traitements, l'isole de tout ce qui aurait pu lui donner quelque bon conseil, quelques encouragements; l'amène enfin, par la ruse et la violence, à un acte de faiblesse, dont le second exemple, dans des circonstances tout-à-fait semblables, devait être arraché, de nos jours, à un pontife qui n'a pas cessé d'être grand, pour avoir, lui aussi, dans une heure bien critique, trop laissé paraître notre fragilité humaine[1]. Mais Paschal II fut aussi prompt à se relever que le glorieux Pie VII. L'Empereur était à peine hors de l'Italie, que le pontife protestait, dans deux conciles tenus à Rome (1112, 1116), contre les concessions pour lesquelles on lui avait forcé la main[2], renouvelait les décrets contre les investitures ecclésiastiques données par des laïcs, et excommuniait Henri. Accablé toutefois, autant que dégoûté du poids de la grandeur, il voulut abdiquer le souverain pontificat, n'en put venir à bout, et mourut le 22 janvier 1118.

Cependant, Henri V accourait de nouveau en Italie. Il fait prendre le nouveau pontife[3], Gélase II, par là

---

(1) *Ann. Bened.*, t. V, p. 558, 568, 615. — Artaud, *Hist. de Pie VII*, t. II, p. 318 et suiv.

(2) *Labb. Concil.*, ad annos 1112 et 1116.

(3) *Ann. Bened.*, t. VI, p. 13 et 16.

gorge, au milieu du conclave, et l'accable de mille coups, sans pouvoir rien obtenir de lui qui fût au détriment et à la honte de l'Eglise. Puis il lui oppose l'anti-pape Grégoire VIII. Gélase quitte l'Italie, vient se réfugier en France, arrive à grand'peine à Cluny, où il meurt comme dans sa propre maison[1]. Le saint pontife s'était fait transporter au milieu du chœur, sur la cendre et le cilice, comme Saint Hugues, revêtu de l'habit de bénédictin, sous lequel il voulut expirer, entouré de la communauté attendrie jusqu'aux larmes. Il fut enseveli dans l'église[2], et son nom, pur et sans tache au milieu des ruines modernes, demeure encore attaché à la portion rajeunie de l'édifice où il habita.

II.

Guy, archevêque de Vienne et de la maison des comtes de Bourgogne, avait été désigné par Gélase, et fut élu par le sacré collége assemblé à Cluny[3]. Il prit le nom de Calixte II. C'était le quatrième disciple de Saint Hugues qui arrivait à ce suprême honneur ! Nous ne pensons pas que, dans toute l'histoire de l'Eglise, on puisse signaler un second exemple de quatre souverains pontifes sortis, presque sans interruption, du même monastère, formés aux grandes vertus sous la même discipline et par le même abbé.

Calixte était digne de la chaire pontificale et se trouvait

(1) « ..... Bina dies jàm restabat, cùm Cluniacensi
» Dormiit in proprio Romani juris asylo. » *Bibl. Clun.*, col. 618.
(2) *Ann. Bened.*, t. V, p. 252.
(3) *Bibl. Clun.*, col. 464, A.

élevé, par son caractère, sa science et ses vertus, au niveau d'une position si délicate et si agitée. On comprit bientôt quel trésor Dieu avait donné à son Eglise. Les saints personnages et les pieux fidèles furent consolés et réjouis ; les schismatiques et les hommes de désordre, consternés. L'empereur Henri lui-même, frappé d'un nouvel anathème et craignant le sort de son père, assembla une diète à Worms, en 1122, pour se réconcilier avec le Pape, qui y envoya ses légats[1]. Henri, du consentement des Etats, renonça·à la nomination des évêques et des abbés ; et laissant aux chapitres la liberté des élections, il promit de ne plus investir les ecclésiastiques de leur temporel par la crosse et l'anneau, mais de substituer à ces symboles réservés au sacerdoce le sceptre et la couronne. Les terres du Saint Siége furent affranchies absolument de la suzeraineté de l'Empire.

C'est à Worms qu'avait eu lieu, en 1049, l'élection de Brunon de Toul, occasion du premier éclat ; c'est à Worms, en 1122, que la grande bataille se termine à l'avantage de l'Eglise, au profit de la société catholique, c'est-à-dire de la civilisation européenne.

Nous l'avons dit, c'est de Cluny que sont sortis les nouveaux Macchabées ; c'est Saint Hugues qui a eu la gloire d'en être le père. Il faut à cette gloire insigne une auréole immortelle. Calixte reçoit à Cluny les dépositions des anciens sur les miracles et sur les vertus héroïques du bienheureux abbé[2]. Il entend les sollicitations de tous les illustres personnages qui l'entourent ; il peut

(1) Platina, *De Vitis Pontif.*, p. 424.
(2) *Bibl. Clun.*, col. 551, 553.

s'en rapporter, du reste, à ce qu'il a vu lui-même, et suivre le mouvement de son propre cœur. C'est pourquoi, à la louange et à la gloire de N. S. J.-C., il met le sceau de son autorité pontificale aux vertus et aux mérites du saint confesseur, dont il inscrivit solennellement le nom au livre de vie, et fixa la fête au 29 avril, avec ordre de la célébrer à jamais dans le monastère de Cluny.

L'année suivante (1123), le premier concile général de Latran[1] confirmait la paix entre le Sacerdoce et l'Empire, et fulminait de nouveau les anciens canons contre la simonie et l'incontinence. L'anti-pape Bourdin (Grégoire VIII) s'en allait faire pénitence dans les belles solitudes de la Cava[2], dépendance de Cluny. Tout était consommé. Une ère nouvelle commençait.

Arrêtons-nous : l'Eglise et la société sont sauvées, Saint Hugues est glorifié, le rôle public de Cluny est accompli.

(1) Labb. Concil. ad annum 1123.
(2) Platina, *De Vitis Pontific.*, p. 327.

. CONCLUSION.

Nous avons justifié, par l'exposition des faits, l'affirmation contenue dans notre épigraphe. Elle émane de la plus haute autorité qui soit au monde.

L'influence de Cluny dans le monde religieux, intellectuel et social, au XI.e siècle, a été, selon la pensée d'Urbain II, celle du soleil dans l'ordre de la nature.

Le soleil réchauffe, il éclaire, il féconde.

Ainsi Cluny a rallumé partout le feu sacré de la perfection monastique par la sagesse de sa réforme. Il a conservé les dernières lueurs de la science, des lettres et des arts, par la force et la renommée de ses écoles. Il a sauvé le monde par l'élévation et la suite de ses conceptions politiques.

Cluny a été un phare lumineux au milieu des ténèbres; un levain sacré de vertus, au milieu des vices et de la corruption ; une terre ferme contre laquelle devaient venir se briser et s'assouplir les vagues mugissantes de l'anarchie.

ERRATA.

Page 44, note première, *non minùs*, lisez *cùm minùs*.

Page 47, note première, n.º *IX*, lisez p. 25.

Page 67, note première, n.º *XV*, lisez p. 47.

Page 79, ligne 17, *le Verbe de la vie*, lisez *le Verbe de vie*.

Page 80, ligne 10, lisez..... *universelle pour leur époque à laquelle ils eurent la gloire de servir de modèles et de guides.*

Page 82, ligne 24, *ci-après*, n.º *XXIII*, lisez *ci-après*, p. 85, *note.*

Page 86, ligne 12, *Hirsauge*, lisez *Hirschau.*

Page 91, note deuxième, *XXVIII*, lisez p. 101.

Page 110, ligne 13, *de choriste*, lisez *du chant lyonnais.*

Page 127, note quatrième, *XIII*, lisez p. 116, *note.*

CLUNY AU XI.ᴱ SIÈCLE.

> « En cette pratique des hommes, j'entends y comprendre
> » et principalement ceux qui ne vivent qu'en la mémoire
> » des livres.
>
> » MONTAIGNE, Liv. I.ᵉʳ, Chap. 25. »

EXTRAITS DU MÉMOIRE

PRÉSENTÉ

A L'ACADÉMIE DE MACON

PAR M. Tʜ. CHAVOT.

(Ce Mémoire a obtenu une Médaille d'Honneur.)

EXTRAITS

DU

MÉMOIRE PRÉSENTÉ A L'ACADÉMIE DE MACON,

PAR M. Tн. CHAVOT.

DU POUVOIR TEMPOREL DE L'ABBÉ ET DE L'ÉTABLISSEMENT DE LA COMMUNE DE CLUNY.

Le Monastère de Cluny avait de vastes possessions dans les lieux circonvoisins. Propriétaire et seigneur du sol, il avait, en cette double qualité, tous les droits qui constituent la souveraineté : le pouvoir législatif, le pouvoir judiciaire, le droit de faire la guerre, de battre monnaie, etc. Il était entouré de nombreux vassaux, et la suzeraineté qu'il exerçait sur eux avait pour origine les concessions de propriétés que, dès le premier siècle de son existence, ses abbés accordèrent à titre de *bénéfices* ou *fiefs*. « La coutume fait loi, quoique non écrite, » disait Saint Mayeul (1) ; et déjà, par l'usage commun, on tient pour » loi qu'il soit concédé, sous charge de cens et par titre écrit, quel- » ques parties des biens ecclésiastiques à toutes personnes, même à » des laïques. »

Faites avec le consentement des moines, pour la vie du preneur, ces concessions étaient renouvelées ordinairement à sa mort, et constituaient des fiefs que le temps et l'hérédité consolidaient entre les mains du possesseur et enlevaient à la libre disposition du suzerain.

Odilon fit des aliénations de même nature. On en trouve fort peu émanées de Saint Hugues. Victor II, au concile de Florence, en

------

(1) Charte 798.ᵉ de son cartulaire.

1055 , les avait , en effet , interdites , sous peine d'excommunication , et Pierre Damien les avait flétries comme sacriléges.

L'Abbaye avait le droit de battre monnaie, et le tenait du roi Raoul. Il fut confirmé depuis, soit par les papes, soit par plusieurs princes (1). Cette monnaie servit de règle dans les transactions locales pendant plus de trois siècles; elle subit aussi, durant son cours, diverses altérations. On lit, en effet, dans la 194.ᵉ charte de Saint Hugues : « Joscerand, chevalier de Capérie, engage deux moulins » situés à Tazelle-sur-Grosne, moyennant CL sols, qu'à cause de » leur rareté on nomme *forts*. Si Joscerand veut racheter son gage , » il rendra la même quantité de monnaie, ou il paiera en monnaie » légale et alors courante de Souvigny ou de Chalon, en ajoutant 1 » sol sur 17 sols de Souvigny, et 1 sur 18 de Chalon. » Ce passage établit, dans un temps antérieur à la première croisade, la comparaison des monnaies de Cluny, de Souvigny et de Chalon.

Des documents du XII.ᵉ siècle font mention de *Denariorum minimorum*. En ce siècle, la corvée d'un jour était estimée deux deniers (2).

En 1312, Béatrix, comtesse de Chalon, en permettant que la monnaie de Cluny eût cours dans ses terres, indiqua quelle en était alors la valeur intrinsèque : douze deniers pesaient , en argent , cinq deniers et une obole, et en cuivre, six deniers et une obole. On voit combien le taux légal de la monnaie était éloigné, à cette époque, de la valeur intrinsèque : en argent, de plus de moitié; en cuivre, de près de moitié. Les douze deniers, dans ce passage, sont, en effet, comparés au poids primitif du denier. Par la suite des temps, la valeur intrinsèque a cessé d'être la même que la valeur légale, et, en 1212, une pièce qui valait *légalement* un denier, ne pesait pas même la moitié du denier primitif; celui-ci resta comme poids ou mesure.

Dès la fin du XIII.ᵉ siècle, la monnaie clunisoise fut très-restreinte dans son cours (3). Mâcon étant devenu bailliage royal, en 1238, la monnaie royale se répandit dans les contrées voisines (4). Elle était

(1) Voir les chartes dans le cartulaire des priviléges.
(2) Voir *Redevances du doyenné de Lourdon*. Cartul. B.
(3) Une visite du couvent, en 1294, constate une dette de 6,400 livres *tournois*.
(4) Un acte du mois de février 1243 contient un emprunt de 400 livres *parisis*, par Renaud, sire de Bussières; les deniers sont fournis par les bourgeois de Cluny.

beaucoup plus faible que celle de Cluny. Les abbés, trompés par la similitude de valeur nominale, tolérèrent d'abord que les cens et servis stipulés en monnaie clunisoise leur fussent soldés en monnaie royale. Mais, s'étant aperçus, par la suite, de la perte qu'ils éprouvaient(1), ils exigèrent que, si le paiement ne pouvait se faire en monnaie de Cluny, il fût au moins fait suivant sa valeur intrinsèque. Refus des habitants. De là, contestation portée, en 1377, devant le parlement de Paris. Mais, avant la décision, les parties transigèrent. « Les moines, est-il dit dans le préambule de la transaction (inédite), » prétendaient que les bourgeois et habitants de Cluny devaient payer » les cens et servis suivant la valeur intrinsèque de la monnaie de » Cluny ; que cette monnaie, *lorsqu'elle avait cours*, était du double, » et même au-delà, plus forte que la monnaie royale du temps » présent. Les bourgeois répondaient que, quelle qu'ait pu être la » valeur de la monnaie clunisoise, ils n'avaient jamais été obligés » de solder en cette monnaie ou suivant sa valeur ; que, à supposer » qu'il fût établi que leurs prédécesseurs avaient été parfois contraints » de le faire, ils étaient en possession, depuis plus de 100 ans, de » payer les cens et servis en monnaie royale, soit forte ou faible, » suivant le cours du temps. » La transaction confirme aux habitants le droit d'acquitter leurs redevances en cette dernière monnaie. Mais celui qui, suivant son contrat, devait 4 sols *clunisois*, dut payer 5 sols *tournois*, et si le paiement se faisait en or, et que le franc valût, par ordonnance royale, 20 sols tournois, il ne serait accepté que pour 16 sols clunisois.

Les possessions du Monastère étaient en butte aux usurpations et déprédations des seigneurs voisins. Odilon s'en plaignit amèrement à Benoît VIII. Les moines ne pouvaient plus pourvoir convenablement au service du culte, exercer l'hospitalité envers les voyageurs et faire la charité aux pauvres. Le Pape écrivit aux ducs de Bourgogne, d'Aquitaine et de Provence, pour qu'ils réprimassent les auteurs de ces déprédations, et il signala, parmi les principaux persécuteurs du Monastère, les sires de Brancion et de Beaujeu (2).

---

(1) Une visite du couvent, en 1304, signale, comme une des causes de la dette existante, la mauvaise monnaie.

(2) *Bull. Clun.*, p. 6.

La lettre de Benoît VIII fut écrite à Rome, en présence du roi Robert. Mais Cluny ne faisait pas partie de ses états ; Cluny ne reconnaissait ni roi, ni prince, suivant les expressions de Pierre-le-Vénérable (1). Aussi n'était-il que très-faiblement protégé par eux, et, même en son temps, ce saint abbé put dire : « Il est exposé aux » usurpations de tous les déprédateurs. »

Cependant, dès 1079, Pierre, évêque d'Albano et légat de Grégoire VII, avait tracé autour du Monastère des limites dites *privilégiées*, parce qu'elles étaient destinées à protéger, par la crainte de l'anathème, ses habitants et ses possessions contre tout ravisseur ou usurpateur, et défendu, sous la même peine, aux chevaliers qui habitaient Cluny et les châteaux circonvoisins, aux seigneurs de Brancion, de Berzé, de Buxières, de Sigy, etc., d'exiger des redevances quelconques des cultivateurs des propriétés de l'Abbaye.

Les moines recouraient quelquefois aux armes avec leurs vassaux, pour défendre le Monastère et ses possessions. Mais jamais le parti des armes, disait Pierre-le-Vénérable, n'avait été favorable à Cluny : inviter des moines à la guerre, c'était leur donner un mauvais conseil ; l'épée et la cuculle (froc) ne pouvaient former qu'un assemblage bizarre et monstrueux, et des militaires ainsi accoutrés ne prêtaient qu'à rire (2).

L'abbé de Cluny préférait le recours aux tribunaux féodaux et leur déférait l'usurpateur. Sur les ordres de l'abbé Hugues, le prieur Joscerand (3) accusa Humbert d'avoir usurpé des terres au préjudice du Monastère et au-delà des limites de son fief ; d'en avoir acheté d'autres sans l'approbation du seigneur abbé ; d'avoir prononcé des paroles injurieuses contre les moines, ses seigneurs. Humbert, vassal de l'abbé, fut condamné par ses pairs, c'est-à-dire par les autres vassaux, Lambert-le-Déchaussé, Gaufroy de Cluny, Hugues de Meulin et Ansedeus du Blé. Humbert donna pour caution Gaufroy et Ansedeus, et fit le déguerpissement de ses usurpations, en remettant une pierre au seigneur abbé entre les mains du prieur (4).

---

(1) Lettre XXI.ᵉ, livre I.ᵉʳ
(2) Livre V, lettre XLV.ᵉ
(3) Ancien sire de Brancion. — Voir charte 682.ᵉ, an 1097.
(4) Charte 149.ᵉ de Saint Hugues.

Si la possession était sous la *garde* spéciale d'un seigneur voisin, l'abbé s'adressait à sa cour. Pierre, abbé de Tournus, avait envahi les pêcheries qui appartenaient au Monastère de Cluny, sur les bords de la Saône et de la Seille. Le cellerier se rendit près du comte de Mâcon, qui avait la garde de ces possessions, et porta plainte devant lui, en sa qualité de pair. Le comte réunit alors un *plaid* de nobles hommes, et les parties ayant, sur les injonctions de la cour, affirmé réciproquement leurs droits et fourni caution, Humbert, chevalier de Beaujeu, prononça, au nom de tous, un jugement en vertu duquel l'abbé de Tournus fut condamné à restituer les propriétés qu'il avait usurpées. Pierre n'obéit pas à la sentence, car alors » l'esprit de rapacité ne cédait pas même aux témoignages de la justice, » et se maintint dans son usurpation. Urbain II, informé de ces faits par un messager, ordonna à Hugues, archevêque de Lyon, d'interdire à cet abbé l'exercice de ses fonctions, jusqu'à ce qu'il eût donné satisfaction aux moines de Cluny. Pierre, se soumettant à cet ordre, se rendit alors à un plaid réuni dans le bois de Péronne et présidé par le comte de Mâcon, restitua, sur les injonctions de l'assemblée, la possession dont il s'était emparé, et demanda indulgence pour le paiement des dommages (1).

L'assistance au plaid était un service que le vassal devait à son seigneur de fief, et auquel il pouvait être contraint par amende. Ce service était fort lourd, et l'exemption était considérée comme un privilège. Odilon (2) en fit la concession aux hommes de Gevrey (Côte-d'Or), et la charte qui la contient porte une clause remarquable en ce que l'abbé substitue à la justice par plaid une autre voie de justice, et nous retrace ainsi la cause d'une des modifications importantes du régime judiciaire : « Ils ne viendront pas, dit-il, au » plaid général, à moins qu'ils ne veuillent y venir spontanément. » Si quelqu'un leur fait injure ou qu'ils s'en rendent coupables » envers quelqu'un, qu'ils fassent et reçoivent justice par jugement » du maire de St.-Pierre, si la réclamation est portée devant lui. »

La ville de Cluny doit son affranchissement à Saint Hugues. Ce fait est établi par les chartes de 1172 et 1180, concédées par les

(1) Charte 682.° de Saint Hugues, année 1097.
(2) Charte 190.° de son cartulaire.

abbés Étienne et Hugues IV. La *commune* de Cluny est donc une des plus anciennes de France ; elle ne paraît toutefois dater que de la fin du XI.e siècle, car Pierre, évêque d'Albano, en rendant compte à Grégoire VII, en 1079, de sa mission à Cluny, ne la mentionne pas parmi les puissances laïques voisines du Monastère.

La charte d'affranchissement n'a pas été conservée, et celles de 1172 et 1180 contiennent presque exclusivement des dispositions de droit civil et de droit criminel (1). Néanmoins, à l'aide de ces derniers documents et de l'état des redevances du doyenné de Cluny, dressé par Henri de Vinchester, nous savons quel fut le degré de liberté accordé aux habitants de Cluny et quelle fut la nature de leurs rapports avec l'abbé, leur seigneur.

La *franchise* s'étendait aux trois paroisses de Saint-Mayeul, de Notre-Dame et de Saint-Marcel ; chaque paroisse était représentée dans l'administration communale par des magistrats élus annuellement par tous les citoyens. Ces magistrats, connus sous le nom d'échevins, devaient administrer les revenus publics et veiller à la conservation des droits de bourgeoisie.

Quels étaient ces droits ? L'abbé n'avait accordé qu'une liberté civile. Les habitants formaient, il est vrai, une corporation désignée sous le nom de *Commune*, administrée par des magistrats élus et pris dans son sein, et composée de citoyens exempts de la taille servile et des corvées, possédant la faculté de vendre leurs biens et d'en disposer même par testament, de succéder même en ligne collatérale, de sortir de la commune, de se marier sans la permission du seigneur, même en dehors de la franchise. Mais l'abbé s'était réservé les droits qui constituent la souveraineté.

Les droits de cité étaient acquis par la résidence d'un an et un jour ; ce délai écoulé, si l'habitant était revendiqué comme serf, l'autorité judiciaire locale, qui seule pouvait connaître de la contestation, devait le maintenir provisoirement en liberté. Si la demande était reconnue fondée, cette autorité ne devait pas rendre le serf, mais lui ordonner de sortir de la commune, en emportant ce qui lui appartenait.

L'abbé ne permit l'arbitrage qu'en matière civile, se réserva tous

(1) Voir *Album de Saône-et-Loire*, 1843.

droits de justice, la moitié des amendes en matière criminelle, un cens pour droit de bourgeoisie, un autre sur les maisons et les héritages ruraux, la banalité des fours et des moulins, le ban-vin, la location des places et loges pendant les foires et marchés, un droit sur la vente du sel et de l'avoine, le droit de déshérence, de guet, et même celui de mener les bourgeois dans ses guerres contre les seigneurs voisins.

Quant à la propriété, le cens annuel emportait, au profit de l'abbé, seigneurie directe et les droits de lods et vente en cas d'aliénation. Si le propriétaire ne payait pas les servis, le sergent de l'abbé pouvait prendre un gage, et, après sept jours, le vendre. A défaut de gage, l'abbé reprenait la propriété et la gardait jusqu'au paiement.

Elle s'acquérait, indépendamment des contrats et des successions, par une prescription de 31 ans. Les contestations qu'elle faisait naître entre les habitants étaient portées devant la justice locale, et les parties devaient y comparaître sans être assistées de légistes. Il y avait exception sur ce dernier point, lorsque l'habitant de Cluny plaidait contre un forain qui avait amené avec lui un homme expérimenté dans les lois.

En matière criminelle, l'accusé conservait sa liberté en donnant caution. Les documents cités ne mentionnent que des peines pécuniaires, il y avait exception pour le cas de vol : les biens et le corps de l'individu convaincu de larcin étaient à la disposition de l'abbé. Il devait en être de même en cas de meurtre, bien que nos chartes se taisent sur ce point. L'homme et la femme, coupables d'adultère, rachetaient la peine en courant ensemble et nus d'un bout de la ville à l'autre.

Les coutumes de Cluny ont eu principalement pour but de fixer les conditions des habitants au point de vue de leur état civil et des délits, et les conditions de leurs propriétés envers le seigneur. Dans leurs rapports d'intérêts, les habitants n'avaient pas d'autre règle de leurs conventions que la législation romaine. La transmission des biens par succession testamentaire ou *ab intestat* se réglait également d'après les principes de cette législation. Cependant, la représentation n'était pas admise.

Saint Hugues accorda aussi la liberté civile à des villages appartenant au Monastère. La charte 798.e, datée de 1103, nous a conservé

le souvenir d'un de ces faits importants : « Nous avons fait écrire
» cette charte, dit l'abbé, pour conserver à toujours le souvenir de
» l'affranchissement de certains hommes, et protéger, par la suite,
» l'ingénuité de leur liberté contre la détestable cupidité de ceux qui
» voudraient les réduire de nouveau au joug de la servitude. Les
» habitants du village de Purlanges, qui appartient maintenant au
» Monastère, étaient serfs des chevaliers de Brancion et de Sennecé.
» Ces seigneurs se départirent de leurs droits, dans un plaid général,
» au profit de ce Monastère, pour acquérir le droit de sépulture
» dans le cimetière de l'église. Mais leurs fils, sans respect pour
» cette convention, tentèrent de priver ces habitants de la liberté
» qui leur avait été accordée, et firent même captif un d'entre eux.
» Etienne, doyen de Jalogny, porta plainte de ce fait devant nous.
» Sur nos ordres, Louis et Artaud, doyens de Cluny et de Lourdon,
» se rendirent avec Etienne aux châteaux de Brancion et de Sennecé,
» et demandèrent, mais en vain, justice de cette violation de la
» liberté. Cependant, convaincus de leurs torts ou cédant aux offres
» d'argent, ils abandonnèrent, sur le témoignage de nobles chevaliers
» du même pays et en présence des seigneurs qui assistaient au
» plaid, toutes leurs injustes prétentions sur ces paysans, qui,
» affranchis de la servitude, travaillaient en liberté pour St. Pierre. »

DES REVENUS DU MONASTÈRE ET DE SON RÉGIME INTÉRIEUR.

Chaque monastère puisait ses ressources dans les propriétés terri-
toriales, dont les produits avaient été affectés spécialement à la nourriture de ses moines; et ce n'était qu'accidentellement qu'il devait
à Cluny, son chef d'ordre, une rente pécuniaire.

Nous allons énumérer les principaux cens dus à ce Monastère,
dans les dernières années de Saint Hugues :

Le plus considérable était celui d'Espagne. Ferdinand I.er, roi de
Castille et de Léon, mort en 1065, avait créé, pour subvenir aux
frais de vêtements, une rente annuelle de mille *mancules* en or.
Suivant l'appréciation de l'auteur de la Vie de Saint Hugues, cette
somme équivalait à 120 onces d'or. Alphonse, son fils, l'a doublée.

Le petit-fils de ce dernier l'a également augmentée, mais du temps de Pierre-le-Vénérable.

Le cens d'Angleterre ne se composait que de 50 sols, monnaie anglaise, provenant de Saint Pancras, d'après la charte de fondation. Dans les premières années du XII.e siècle, ce cens a été augmenté de deux marcs d'argent, par Guillaume Peverelle, fondateur du prieuré de Lentonne; de cent marcs par Henry I.er, qui fit confirmer ce don par Innocent II, et du revenu de plusieurs manoirs, donnés par le roi Etienne et divers comtes. Il est à observer, du reste, que la plupart des prieurés d'Angleterre relevaient immédiatement de la Charité, et médiatement seulement de Cluny.

Le cens d'Italie ne dépassait pas alors 50 marcs d'argent, et provenait principalement du monastère donné par Mathilde à Grégoire VII, et soumis à Cluny par ce pontife. Il fut augmenté dans les premières années du XII.e siècle.

Le cens entier d'Aquitaine et du Poitou, destiné, dès le principe, à la nourriture et à l'entretien des moines de Cluny, suivant la charte de confirmation donnée, en 1071, par Gui, comte du Poitou et duc d'Aquitaine (1), ne composait, même au temps de Pierre-le-Vénérable, qu'une partie des ressources destinées à fournir aux moines quelques mets après les légumes.

Le cens entier de la Provence ne s'élevait pas à cent livres, monnaie de Lyon ou de Valence, en y comprenant la valeur des redevances en moutons estimés chacun 16 deniers, en ânes, et en vin, dont la quantité était inférieure à six tonneaux (2).

Celui de Bourgogne provenait principalement de Gevrey.

Le cens des obédiences de Cluny était inférieur à 400 livres clunisoises.

Ces obédiences étaient naturellement destinées à pourvoir le Monastère de toutes les provisions en blé, vin, avoine, fourrages, etc. Nous ne trouvons de redevances en nature, provenant des contrées lointaines, au temps de Pierre-le-Vénérable, que celle de vingt mille harengs, concédée par Eustache, comte de Boulogne. L'abbé faisait gérer et administrer ces obédiences par des moines qui en percevaient

_____

(1) Cartul. coté A, p. 8.

(2) Cartul. coté A, fol. 307. — De villis nostris quæ tam longè sunt positæ, ut nec vinum, nec annona quæ ibi nascitur possit ad nos pervenire, ibidem venditur, et pretium camerario defertur. — Ulric, liv. 3, chap. XI.

les fruits et les rentes, et les remettaient à des époques déterminées au Monastère. Au temps d'Ulric, un Frère se rendait dans les obédiences et faisait charger sur un âne les provisions pour les conduire au Monastère.

Dans les dernières années de Pierre-le-Vénérable, Henry, archevêque de Vinchester, qui, suivant la chronologie contemporaine, était venu, à la sollicitation de cet abbé, du pape Adrien, de Louis-le-Jeune, etc., se réfugier à Cluny, dressa un état [inédit] (1) des revenus des obédiences de ce Monastère. Ces obédiences comprenaient les doyennés suivants : Laisé, Beaumont, Malay, St.-Hippolyte, Cluny, Chaveriat, St.-Martin-de-Mâcon, Berzé-la-Ville, Arpay, Montbertoud, St.-Gengoux, Lourdon, Besornay, Jalogny, Mazille, Péronne, Ecussolles, St.-Victor. Leurs revenus, dans les derniers temps de Saint Hugues, étaient tout-à-fait insuffisants pour nourrir le Monastère. Aussi, Pierre-le-Vénérable nous dit-il (2) que, lorsqu'il est entré en fonction, l'abbaye était puissante, célèbre et renommée pour sa religion, mais extrêmement pauvre, chargée de dettes et presque sans revenus. Trois cents Frères environ vivaient dans le Monastère, et les revenus provenant de ces obédiences ne pouvaient en nourrir que cent. Les produits de tous les doyennés réunis, il n'y avait de provisions que pour quatre mois, quelquefois seulement pour trois. Toute la récolte du vin s'épuisait en moins de deux mois, quelquefois en un, et encore était-il sans qualité, sans goût et chargé d'eau. Le pain était noir, chargé de son et d'un poids trop faible pour chaque moine. Le camérier, à raison soit de la pauvreté de la maison, soit de la multiplicité de ses occupations qui s'étendaient à presque tous les besoins extérieurs, ne fournissait qu'avec difficulté, et sans régularité, des vêtements insuffisants. La récolte d'avoine suffisait à peine à la nourriture des chevaux des officiers supérieurs du couvent, et, habituellement, il n'en restait point pour les chevaux des voyageurs. Cet abbé assigne, comme une des causes de cette pénurie, le nombre infini d'hôtes toujours pauvres que recevait le Monastère (3). Aussi, outre les dépenses faites à l'aide d'emprunts, à

(1) V. Cartulaire coté B.
(2) V. *Dispositio rei familiaris*. Cartul. coté A.
(3) Quemadmodum à custode hospitii recipiuntur omnes peregrini qui faciunt iter equitando, eodem modo quotquot pedites vadunt ab eleemosy-

des taux onéreux, le Monastère employait-il annuellement plus de vingt mille sols en achat de provisions. Ulric (1) avait déjà écrit : *Frequenter accidit ut de omnibus rebus annuatim nascentibus nihil omninò habeamus ad subsidium vitæ temporalis, præter quod de denariis comparatum.*

Pierre voulut remédier à cet état de choses. Il indiqua, d'après la nature et la qualité du sol, quels doyennés devaient être livrés plus particulièrement à la culture du froment, du seigle ou de l'avoine. Il fit planter des vignes, surtout à Jully. Henry de Vinchester le seconda, car son état de revenus présente plusieurs mesures destinées à les augmenter.

Pierre fit cesser le désordre qu'il avait trouvé dans l'administration de presque toutes les choses extérieures. A trois reprises différentes, il régla le régime intérieur, fixa les dépenses, indiqua les doyennés qui devaient y pourvoir, les fonctionnaires du Monastère qui devaient recevoir les revenus et en faire l'emploi. Il régla également l'emploi des rentes en argent. « Ce que j'ai fait, disait-il, pour certains » intérêts purement spirituels, j'ai voulu le faire pour ceux qui » regardent à la fois et le corps et l'esprit. »

Le doyen de Lourdon, en sa qualité de grenetier, devait primitivement fournir du pain aux hôtes et au Monastère avec 500 sextiers de froment et autant de seigle. Pierre y ajouta ensuite 60 sextiers destinés principalement à la nourriture de jeunes clercs nobles, écoliers à Cluny ; puis 30 de froment, et enfin 13 de fèves pour aider à la nourriture de 18 prébendiers. Neuf de ces pauvres devaient être nourris par le grenetier, et les neuf autres par l'aumônier. Ces 603 sextiers dûrent à l'avenir être fournis au grenetier, d'abord par le doyenné de Lourdon, jusqu'à concurrence de 294, et le surplus par le camérier, qui dut les prélever sur les 100 de Laizé, les 200 de Chevagny près Mâcon, et les 100 de Péronne. Sur les 500 sextiers de seigle, Montbertoud devait en fournir 300, et Romans 200.

Trois sextiers de froment suffisaient, suivant Henry de Vinchester, à la nourriture journalière de 300 moines. Chacun recevait, pour pro-

---

nario sunt recipiendi, excepto si legatus est........ Eleemosynarius providet ut et carnem dare possit frequentiùs peregrinis, et recedentibus singulis dat unum denarium. — Ulric, liv. 3, chap. XXIV.

(1) Liv. 3, chap. XI.

vision d'un jour, un pain du poids de 2 marcs 7 onces 5 deniers anglais. C'était le poids accordé, avant Pierre ; seulement, pendant la Quadragésime, il était inférieur aux autres époques de l'année. Le pain des hôtes était de 2 marcs ; celui des serviteurs était de seigle et du même poids, ainsi que celui des prébendiers. Pierre augmenta ce poids, et il voulut que les trois pauvres auxquels, suivant la coutume, on délivrait chaque jour du pain, en reçussent de même poids et de même qualité que les moines (1).

Les légumes formaient la principale nourriture des moines, et les fèves y entraient pour une large part. Comme le disait un poète du XII.e siècle, Brunel (2) : « Si je me fais moine à Cluny, on me donnera » habituellement des œufs et des fèves noires, avec un peu de sel. »

Ulric disait aussi (3) que, de son temps, l'on donnait chaque jour des fèves, assaisonnées d'un peu de graisse, si ce n'était pas jour de jeûne, ou des herbes potagères hachées et cuites. On y ajoutait quelques mets qui, le vendredi et le dimanche, se composaient habituellement de poissons, si l'on pouvait s'en procurer à un prix raisonnable. Ce passage démontre que le produit des étangs, alors appartenant au Monastère, et dont la perception était confiée à la diligence du cellerier, était peu important. A certains jours de fêtes, on substituait aux fèves un mets composé d'œufs et de farine. Il n'y avait ordinairement qu'un repas par jour ; s'il arrivait que l'on en fît deux, et qu'il ne restât plus rien de la livre de pain et de la ration de vin données à chaque moine, il recevait de nouveau une demi-livre de pain et une ration entière de vin, qu'il n'oubliait jamais de boire, dit Ulric (4).

L'on ne savait souvent comment se procurer ces mets et qui devait y pourvoir. Pierre affecta à ce service, dont il chargea le camérier, cent livres provenant du bourg de Cluny, 500 sols de monnaie clunisoise, le cens de Poitou, les vingt mille harengs donnés par le comte de Boulogne, et les fromages provenant des prairies autour de Cluny, où le cellerier faisait paître ses chevaux. Les rentes en argent affectées à ce service devaient parfois, au temps de cet abbé, recevoir un

(1) Le sextier de Cluny valait alors deux bichets et demi de Tournus.
(2) *Sententia de ordinibus religiosis.* — V. Martène, t. VI, p. 3.
(3) Liv. 3, chap. XVIII.
(4) Liv. 3, chap. XXI.

emploi en achat de viande, car l'état de l'archevêque de Vinchester porte que le poids de la viande était de 2 marcs 2 onces et 5 deniers anglais ; que, doublé, il fournissait au repas de quatre moines. Aussi Brunel dit-il, sous forme de critique, que souvent, le 6.e jour de la semaine, on leur permettait de manger de la viande ou des mets au gras. Néanmoins, les poules et les moutons fournis par les doyennés étaient habituellement réservés aux hôtes et aux malades.

C'était un antique usage, conforme à la règle, que, le jour anniversaire de la mort des Frères profès, l'on donnait, en leur mémoire, du pain et du vin. L'aumônier était chargé de pourvoir à cette dépense, et Saint Hugues lui accorda, à cet effet, les revenus des fours de Cluny. Pour l'indemniser de la fourniture du vin, Pierre donna au même le droit de prendre au réfectoire et à l'infirmerie tous les restes de pain et de vin dont le grenetier et le custode du vin avaient l'habitude de faire leur profit. Le même abbé régla, pour chaque anniversaire, la fourniture du pain à 50 livres, au poids ancien, c'est-à-dire inférieur au quadragésimal, et fixa le nombre de ces distributions à cinquante, dans la crainte, dit-il, que les morts, croissant en nombre infini, ne finissent par chasser les vivants, les pauvres revenus du monastère ne pouvant suffire à la nourriture de 300 vivants au moins et peut-être de mille morts.

Cet abbé espérait que les vignes qu'il avait fait planter à Cluny et à Jully produiraient suffisamment pour les besoins des hôtes et de 300 moines au moins. Il consacra certains revenus bien *connus* d'Angleterre à la culture de ces vignes confiées à l'administration spéciale d'un custode (1).

Le prieur dut pourvoir aux vêtements. Furent affectés à ce service 20 marcs d'argent du cens d'Italie, 20 de celui d'Espagne, 35 de deux manoirs d'Angleterre, réserve faite du cens du prieuré de Romélie (Ardington, prieuré de religieuses, fondé par Alice de Romélie), et tout le cens des prieurés de Provence, depuis les Alpes jusqu'à la mer.

Le premier custode de l'église neuve fut chargé de la chaussure. Il dut y pourvoir à l'aide de 300 sols, provenant du revenu des terres que Humbert-Ongre, partant pour Jérusalem, avait engagées pour

(1) Trois sextiers de vin, à la mesure de Cluny, valaient quatre sextiers à la mesure de Tournus.

prêt de 4,000 sols ; et, dans le cas où ce gage serait racheté, il dut prendre 60 marcs sur les 100 provenant du manoir de Ladecombe, qu'Etienne, roi d'Angleterre, avait donné récemment.

Enfin, le doyen de Mazille devait primitivement fournir au camérier 1,200 sextiers d'avoine. Le camérier les employait indifféremment à la nourriture des chevaux, soit des hôtes, soit de l'abbé, du prieur, du cellerier et des camériers. Mais, comme chacun de ces officiers prenait ce qu'il pouvait sur cette provision, il arrivait souvent qu'il ne restait presque rien pour les montures des hôtes. Pierre voulut que la fourniture de Mazille fût spécialement affectée à la nourriture des chevaux des hôtes étrangers à la Congrégation, et que, si leurs maîtres étaient obligés de mettre des objets en gage pour pourvoir à une pareille dépense, faite dans les limites du nécessaire, ils fussent rachetés (1).

Quant aux montures des Frères de la Congrégation, le doyen de Mazille ne devait pourvoir à leur nourriture que pendant la première nuit, à l'exception de celles des prieurs d'Espagne, d'Angleterre, de Paray, de Bourbon et de Souvigny. Les chevaux de ces prieurs étaient, d'après un usage ancien, assimilés pour la nourriture à ceux des hôtes étrangers. Il fut attribué au prieur de Cluny, pour ses chevaux, 300 sextiers d'avoine, provenant du doyenné d'Ecussoles ; aux camérier, cellerier, etc., les cent sextiers du doyenné de Saint-Victor, les cent provenant de l'obédience de Beaumont, ainsi que le produit que l'on prélevait, au bourg de Cluny, sur les vendeurs d'avoine.

Ces détails suffisent pour faire apprécier quelle était la fortune privée du Monastère et connaître quel en était l'emploi, quant au régime intérieur, soit à la fin du XI.e siècle, soit dans la première moitié du XII.e, où le Monastère avait vu augmenter considérablement ses revenus. Nous croyons donc devoir passer sur beaucoup d'autres détails.

(1) Cùm stabularius viderit hospites in hospitio esse receptos, statim cogitat de caballis eorum quid eis sit tribuendum, et si forté defuerit, accedit ad camerarium, ut faciat comparari. Priùs quoque quàm ipsi hospites abeant, quotquot bestias habent non ferratas, ad omnes dat nova ferramenta..... — Ulric, liv. III, chap. XXIII.

TABLE GÉNÉRALE DES MATIÈRES.

AVERTISSEMENT   I

MÉMOIRE DE M. CUCHERAT.

Sources historiques de ce Mémoire   V
I. Exposition du sujet   1

PREMIÈRE PARTIE.

INFLUENCE RELIGIEUSE.

CHAPITRE Ier — Origine et nature de la Réforme de Cluny.

I.   État de l'Institut monastique   3
II. Fondation du monastère de Cluny. Charte de Guillaume-le-Pieux.
        Bulle de Jean XI.   5
III. Rome et Cluny. Effets de la Charte de fondation.   12
IV. Élection de Saint Hugues.   14

CHAPITRE II. — Organisation de la Congrégation de Cluny.

I.   Cluny à l'état de Congrégation.   17
II. Premier lien, Visites abbatiales   19
III. Deuxième lien, Rédaction des coutumes.   21
IV. Troisième lien, Chapitres généraux   23
V.   Quatrième lien, Suppression du titre abbatial dans les diverses
        obédiences   24

CHAPITRE III. — Caractère particulier de Cluny.

I.   Douceur et modération. Faits particuliers et généraux.   29
II. Faire servir les passions et les sens aux progrès de la vertu. —
        Transition à l'*expansion de Cluny*, c'est-à-dire à ses vertus et
        à ses services. — OEuvres intérieures et surnaturelles *per
        transennam*   33

CHAPITRE IV. — Expansion de Cluny dans les choses du dehors.

I.   Services rendus à l'agriculture   36
II. Aumônes à Cluny   40
III. Tendresse de Saint Hugues pour les pauvres. — Aide et protection
     aux petits et aux faibles. — Refuge honorable et salutaire ouvert
     aux criminels.   42

CHAPITRE V. — Diffusion de l'Ordre de Cluny.

I.   France et Allemagne   46
II. Pologne   49
III. Italie   51
IV. Espagne   54
V.   Angleterre   60
VI. Marcigny   66

DEUXIÈME PARTIE.

INFLUENCE INTELLECTUELLE.

CHAPITRE I.er — Notions générales sur les études à Cluny.

I.   Temps consacré à l'étude.   77
II. Destination. Tableau du Cloître   79
III. Enfants offerts aux monastères. Élèves destinés au siècle. Soins
     prodigués aux uns et aux autres   80
IV. Leçons et exercices scolaires. Principales écoles dues à Cluny . . .   84

CHAPITRE II. — Objet des Études monastiques.

I.   Un mot de Fleury. Idée générale de l'état intellectuel du moyen-
     âge   88
II. SCIENCES. — Philosophie, mathématiques, médecine, Écriture
     sainte et saints Pères, histoire civile   90

III. LETTRES. — Langue romane, langues hébraïque, grecque, arabe, latine. 93

IV. — Les moines connaissaient les auteurs de l'antiquité païenne 95

V. ARTS. — Tableau du *Scriptorium.* Esprit qui animait les artistes du Cloître. Quelques artistes 98

VI. — Église de Cluny, description, architectes, style, constructions de saint Odilon 102

VII. — Peintures murales, sculpture, statuaire, ornements divers, verrerie, orfévrerie, bijouterie, musique. . . 108

CHAPITRE III. — Écrivains sortis de Cluny au XI.ᵉ siècle.

I. Raoul Glaber, Syrus et Aldebald, Jotsauld. 112
II. Bernard et Udalric, Hébretme, Alger 116
III. Raynaud de Semur et Pierre-le-Vénérable 119
IV. Saint Hugues. 120
V. Saint Odilon. Résumé, transition 129

TROISIÈME PARTIE.

INFLUENCE POLITIQUE.

CHAPITRE I.ᵉʳ — Part de Cluny dans la politique générale.

I. État malheureux de la société civile. Politique chrétienne 133
II. La part de Cluny : 1.º aux Croisades ; 2.º à la Trève de Dieu ; 3.º à l'établissement de la centralisation pontificale. 135

CHAPITRE II. — Commencements de la lutte du Sacerdoce et de l'Empire.

I. Origine de Saint Hugues. Saint Hugues et Hildebrand, à Cluny. 140
II. Brunon de Toul, nommé Pape par l'Empereur, se soumet à l'élection du clergé et du peuple romain. Il est élu par acclamation. 143
III. Relations de Saint Hugues avec Rome et avec les personnages importants de l'époque. 147

IV. Saint Hugues en face de Geoffroy-le-Barbu, persécuteur de
    Marmoutier. 150
V. Grégoire VII, pape. 152

CHAPITRE III. — Démêlé du Sacerdoce et de l'Empire, depuis l'avènement de Grégoire VII jusqu'à la mort de St. Hugues.

I.   Grégoire VII aux prises avec Henri IV. 156
II. Rôle de Saint Hugues 157
III. Victor III, Urbain II, continuent la lutte 159
IV. Avènement de Paschal II. Épisode de St. Anselme de Cantorbéry. 163
V. Lettre de Saint Hugues au roi Philippe de France 167
VI. Mort de Saint Hugues rapprochée de celle de Saint Anselme . . . 170

CHAPITRE IV. — Suite et fin de la lutte. Triomphe de l'Église.

I.   Recrudescence de la lutte. Défaillance et protestation de Paschal II.
    Sa mort et celle de Gélase II. 173
II. Calixte II. Diète de Worms. Concile de Latran. Canonisation de
    Saint Hugues. 175
    CONCLUSION 178

EXTRAITS DU MÉMOIRE DE M. CHAVOT.

Du pouvoir temporel de l'abbé et de l'établissement de la commune
    de Cluny 183
Des redevances du Monastère et de son régime intérieur. 190